元気がでる話

挑むリーダーたちへ

慶應義塾大学名誉教授

村田昭治

財界研究所

まえがき——会社の心を求めて

最近、企業リーダーにお会いするといくつかのことを感じる。なぜ破壊力や爆発力、大きなパワーが欠けてきたのだろうか。自己信念の発信能力・発言あるいは包容力が乏しいのはどうしてかと。さらには企業家魂、意欲、アンビション、経営の意思の弱さが気にならないではない。それは一体どこからくるのか。志の低さか志を高くもてないためか、それとも知的格闘技ともいわれる知的活性化あるいは知恵をめざすせめぎ合いが足りないのだろうか。人間はそのせめぎ合いから自分の発想を盛りあげてゆくものだと、わたしは思っている。

読書家は多いが読解力をもつ人が少ない。読み方への幅と深さ、思索の不足のせいかもしれない。世の中を見ているけれども世の中を読めない。それはいろいろな人と雑談したり自分の足を使って取材する能力、これまで活躍した偉大な人たちに接触してそこからエネルギーをもらうことの不足なのか。なぜだかわからないが、いまこそ活力、迫力、突進力、展開力、総合力、そして提案力がほしいものだと思う。

企業はどんなに大きくとも、すべての分野にわたって特技を耕すことはむずかしい。どうしても自社の創業以来の得意の分野やミッションに発する事業領域、技術領域、文化領域をベースに棲み分けを果たしてゆくことが大切ではなかろうか。その意味ではセグメント化、個性化、個別化が未達のように思う。これからは小さくてもいい、どの分野で横並びでなく独特の力を発揮するのか、その力をもとに顧客の輪・ネットワークづくりをどうするか、そしてそのなかでコンシェルジュ・マーケティング、すなわち顧客に奉仕する尽くし方が尋常でなく徹底的に尽くしてゆくサービスが求められて、それが受け入れられるのではないだろうか。このお客様にはどんなサービスをすればいいのかと立往生し悩んで、顧客を獲得してゆくことが大事だと思う。

最近はブランド・マーケティングが盛んだ。しかし人物がブランドをつくるということをどこかに置き忘れている。名前を売るブランド広告ならやめたほうがいい。ブランド・マーケティングは企業の経営姿勢をわかってもらうためのコミュニケーションであり、企業の生き方・ものの考え方を伝えることがコーポレートブランド・マーケティング、企業マーケティングなのだ。わたしはその辺にいまのブランド流行というものに苦言を呈しておかねばなるまいと思っている。もはやブランドの銘によるごまかしはきかない時代だ。一つひとつ生命力のある、差別化のある想像を超えた品質、期待する水準を超えた品質をもつサービスや商品を提案し尽くすプロの力で選択されてゆく時代だと思わねばなるまい。

営業や販売、マーケティングは非合理的なものだ。そこに合理化を求めてはならない。つまり営業という部門は非効率的なものでいい。その代わりに見えない裏で効率性、生産性向上、合理化が必要だ。それはごっちゃになってはいけない。いまサービスや営業で会話がなくなって残念なことが起きている。マーケティング、営業とはお客様にひたすら近づくことを意味しており、面倒くささを大事にし手間をかけることなのだといいたい。面倒なことはだめだと思ったら、もう売れない。手間をかけることが喜びだと思わなければなるまい。そんな考え方を大切にしたい。企業のなかで新入社員や中途採用社員を三カ月で、事の善悪、社風、自社のやり方、哲学を教えこむことが大事だ。それが学べない人間は去った方がいいと思っている。

プロとは何か。迷うお客、悩む顧客を幸せな顧客、喜ぶ顧客、また会いに来てくださるお客様に変えることだ。それはむずかしいことではない。顧客との一つひとつの対面を大事にし、感動し、ビジネスとして、利益がいくら上がるかということよりもどれだけ感動を与え、感謝の総和を大きくするかということに注力すればいいのだ。それだけできれば何事にも成功するし謙虚になる。これが商いを深く続けることではないかと、わたしは思っている。

いま商人がいない。感動する商人、感謝する商人、すべての瞬間に努力し前向きに突進する商人、企業人が求められている。そのために少しでも何かのヒントになればと願い、この本を皆様のお手元にお届けしたいと思う。むずかしいことをやさしく、やさしいことをより深く理解していただけるように表現をいろいろと変えてみた。ちょっといい話を読んでいただけるとうれしく思います。ありがとう。また勉強して皆様にすてきな知恵をお届けすることを約束して筆を擱きます。

二〇〇三年十二月

村田昭治

挑むリーダーたちへ——目次

第三章　破壊力と想像力

第四章　「人間感動」の経営

第五章 顧客欲求への対応力

第六章　経営者はバリュー・クリエーター

第七章　プロフェッショナル・リーダーへの途

第一章

哲学ある企業をめざして

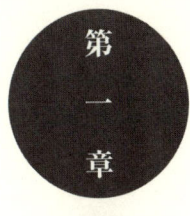

いま問われている経営哲学

原創造が出発点

わたしが尊敬している学問は、何かをクリエーション（創造）する分野だ。そのなかでいちばん身近で、おもしろくて、そのうえわたしたちの目に触れて、デザイン力が明快なのは建築学ではないか。つい先頃もわたしの心を捉えたのは、日本大学の谷川正巳先生の著書のなかの次のような一節だった。

「物事を考える元には、ひとつは人間の生命の原点（源点）のように原創造があるのではないか。その源流というべき原創造が生まれるとそこから追創造が出てくる。それから胸ひれ、背びれ、尾ひれが生まれてくる」

この谷川教授の考察に触発されて、経営・マーケティングの世界では何が生まれてくるだろうかと考えた。経営者ならおそらくめざす企業像ではないか。どんな会社になりたい、どんな会社をつくりたいということだろう。それが原創造だろうと思う。その原創造は、めざす企業像をもっているだろう。それが創業の理念であり、会社の歴史のなかに脈々と感じとられるものだろうと思う。そして企業人にも、めざす企業人像というものがあっただろう。めざす企業人にめざす企業像があれば、めざす企業風土があるだろう。それをわたしたちは経営理念、経営哲学という形で観ているのではないか。

それでは人間は、どういうときに原創造が生まれ、追創造が活発になるのだろうか。さまざまな領域の先生が教えてくれているのは、問題意識だということだ。

問題意識とは、疑問に思うことである。わたしの言葉で言えば好奇な目だ。だからわたしは学校で講義をしているとき、「わたしのマーケティング論は……」と言ったことはなかった。「君たちの学ぼうとしているマーケティングは、ユア・マーケティングだ」と話してきた。学生にとっては意外な着眼と映ったと思う。その好奇な眼で観て、物事を実現してゆくためには、燃える心がなければならない。そして燃える心は集中力という形で表れると思う。

かつてのわたし、いまもそうだが、燃える心とは集中力だったし、そこに学問があった。そこから創造力が生まれ、燃えたぎってきた力がひとつの作品に仕立ててゆくのだ。

「紡ぎ」を見直す

わたしたちは論理学で帰納法と演繹法を教わった。帰納法は途中で挫折するとダメになる。対して演繹法は発想してゆくやり方でものを観てゆく。着想と発想のちがいがある。人間を観るときに着想する考え方を積み重ねてゆくやり方がある。その一方、どんな姿を求めるかということからくる発想がある。この両方から改めてみると、わくわくするものの見方が爛漫と生まれてくる。その渦のなかでわたしたちは迷い、思索し、討論を重ねていって何かの考え方が創造されてゆくと思う。

もうひとつ、わたしは人間も企業も生きているかぎり反射活動をしていると考えている。脳細胞や脊髄の中枢神経の働きで、本能の働きである。そしてそこから、うまく生きてゆこうという動きになる。適応行動である。人間はそれを超えてよく生きようとする。それが創造活動だと思う。そして原創造をもたらしてくれるためには、うまく生きようと思うことではなく、よく生きようとしなければならない。そこにイノベーション改革が必要なのだ。

イノベーティブな企業には、リスクやモツレがつきものだ。それを恐れることはない。わたしたちは「紡ぐ」といういい言葉をもっている。いろいろな個性を集めてきて考え直し練り直して紡いでゆく。それをさらに高めて、人間関係を紡いでコラボレーション（協調・協創）をつくることだ。この「紡ぎ」が、いま経営に必要だろうと思う。

思考のモチーフを行動のモチーフに変える

邦正美さんという高名な創作舞踏の研究家がおられる。九十五歳を超えた今日も創作舞踏の開発に取り組んでおられる方だが、「何かやろうというときには、全員に掲げて示すモチーフが必要だ」と言っておられる。モチーフとは動機づけになるようなテーマであり、論理的な思考のモチーフを行動のモチーフに変えてゆかねばならないと言われるのだ。

企業は創業時から思考のモチーフをずっともち続けている。それを企業活動のモチーフに変えてゆくところに、経営者は介在する。伝統的な思考のモチーフを、日々の行動のモチーフに変えてゆくことこそが経営者なのだ。邦さんはそのことが創作舞踏になるという。わたしたちの場では、それが創作企業であり創作活動である。これが創造するということではないだろうか。

わたしたちはうまく生きる、うまく企業を運営するということでは、早晩行き詰まってしまうだろう。新しい課題、新しいパラダイムを経営のなかにもち出して、戦略型の推進パワーを灼熱化しなければなるまい。それは経営技術の問題ではなく、経営哲学の分野に属する。

いまＩＴ革命の必要性が声高くいわれているが、いちばん遅れているのは経営哲学だろうとわたしは思っている。経営哲学とは原創造と追創造をもたらしてくれるものであり、換言すれば行動するモチーフを打ち出すことである。

二十一世紀の企業には、経営哲学のコンサルティング、経営モデルのコンサルティングが強く求められるようになろう。原創造を絵にするコンサルタント、行動モチーフをもち出してくれるコンサルタントこそ、これからの企業に必要なのではなかろうか。

未来への夢とロマン

ポジティブ経営の核心

ちかごろ、わたしの四十年を超える経営・マーケティングの研究を通じて、ポジティブな経営の姿勢をどのように解釈し、どう理解しているかを、直截にキーワードでまとめればどうなるのかと、たずねられることが多い。

——どんな製造業、流通業、あるいはサービス業であっても、人間の愛をベースにして、経営・技術の手法にもつねにイノベーションを起こし、コア・コンピタンスを錬磨している。つまり企業の個性を全面に出して差別化しローコストを押し進め、さらに企業のもつパワーを発揮してゆくことではないか。その根底には、人間同士の信頼、質の高い人間関係の形成があることを忘れず、自由、規律、礼節、感謝、青春をコアにして、ポジティブ・モーメンタリズム（積極主義経営）を基盤に据えることだと思う。

セコムの飯田亮・取締役最高顧問とお話ししたとき、「わたしの会社には予算がない。昨年どうやってきたか、しきたりはどうだったかということには捉われない。つねにアンラーニング（過去の経験を捨てること）をベースとして進めています」と、おっしゃった。すばらしいことだ。

ヤマト運輸元会長の小倉昌男さんからは、「研究開発と市場を直結させる強い想いがあって知的闘争をみずから演ずることが、社会貢献になり、企業の大きな提案力になり、人間幸福を実現してゆくのではないか」ということを、わたしが参加していた商工会議所の会合で教えていただいた。

こうしたメッセージはすべて、未来へ向けての変革の意思をもつことなのだ。そしてその実現のためには企業は、知識と知恵を創造する場をケアしてゆくこと、知識や知恵を利益に結びつけてゆく組織能力をいかに企業が獲得してゆくのかという、一見面倒な枠組みをどのようにみんなで共有し、相互に学び合う能力とビジョンを高めてゆくか——これはある意味で、企業の全員がのめりこめる、大きな共感のテーマではなかろうか。

新しい価値づくり

企業がやらなければならないことは、技術的なコアを深め、バリュー提案を新技術の開発、製品の開発で、新たなカスタマー・ソリューションへの途をつくり出すことだ。いまの時代は、社会への新しい価値づくりの結晶が市場を引きつける力となり、磁力《マグネット》となる。

米国ＩＢＭを復活させたルイス・ガースナー会長は、国際競争力のある企業の条件を、①高度な情報とグローバルなネットワークをもち、②経営コスト、品質などの面で差別化される優位性を保ち、③ダイナミックなコア・コンピタンスを発揮しその分野に事業を集中し、④行動力、正確さ、スピードを重視している企業である、とまとめている。

日本でも成長しサバイバルを確実なものにしている企業はどこでも、失敗を許し、成功を大きくたたえ、可能性を信じて、リスクを恐れずに進んでゆく強烈な創業の文化が支えている。

強い企業の条件は、つねに未来の成長にフォーカスを合わせて、横を見ずに、市場や顧客を見据えて生きている企業だと思う。ソニーの出井伸之ＣＥＯは「つねに人間性を重視し、生活者の声を製品・サービスに反映させ、環境問題に敏感で、社会貢献の視点に立って、企業哲学をもち、信頼される企業になり、倫理を確立して、開かれた企業になってゆくことが大切だ」とおっしゃっている。至言だと思う。

「一日ワン・バリュー」の日常化

成長していく企業には業種業態を問わず社会・世界の動向に逆らわないで、高感度に変化を察し、爽快なメッセージで提案をし、会社のオリジナリティー・コンセプトを明確にしてお客様に対して親切のほかないという奉仕をみせ、感謝・感動を忘れない経営を実践しているように思う。それらの企業はプロフェッショナルな提案力がすばらしい。そして商品力、技術力、組織力、サービス力、スピード力、人間力といった一朝一夕にはつくりあげられないものを、鮮度を保ちながら、価値は知識の詰めこみではなくいろいろなことに興味をもち感動を見逃さず、優れたストーリーテラーとして顧客に提案しつづけている。

いま伸びている企業は「一日ワン・バリュー」を大切にしている。一日一つのバリューを提案していこうという心意気をもっているサービス業、流通業、メーカーは必ず成功する。今日一日ワン・モア・リサーチ（もう一つ研究しよう）、ワン・モア・テンダース（もう一つやさしくなろう）、ワン・モア・カインドネス（もう一つ親切になろう）、ワン・モア・サンクス（もう一つもう一声感謝しよう）、ワン・モア・ハロー（もう一つ声かけをしよう）というワン・モアを日常化してほしいと思う。

たとえば、どこのレストランに行ってもワンパターンだ。大切なのは笑顔やリラックスさせる空気、おいしい料理だけではない。来ていただいたことへの感動、そしていい思いをもっていただこうという熱情、そうした誠の心を一杯に詰めたもてなしができないのはなぜだろうか。すてきな感動・感謝でお客様を揺さぶりぬいてもらいたいものだ。

どんな仕事でも職人業がなければいけない。それは楽しみながら、すてきな、美しく見える技を示すことだ。良いことを始めるのに遅すぎることは決してない。幸せというのはあとから思うことで、先にこうすればこう幸せになるということはいえない。ただそれを願ってベストを尽くすところから、会社も商品もサービスも光り輝くのではあるまいか。

ミッションって素敵

数学経営の落とし穴

企業家にお目にかかっていて、近ごろ感じるひとつの想いがある。テーマで仕事をするのではなく、時間で仕事をしているという印象を受けることが少なくないのだ。仕事を家にもち込んでいるだろうか。根をつめた取り組みをしているだろうか。仕事に、社会的使命感をもち、責任をもって熱中・展開し、自らの感動の目標を創ろうという気持ちで動いているだろうか、と気になっている。ミドルマネジメントもまた、どれだけ夢をもっているだろうか。自身の人格、魅力、体力、人望を自ら創りあげることに、どれだけ身を入れているのかと疑問に思うことがある。

わたしは最も開発の可能な資源は人、つまり人間の精神だろうと思っている。自分を納得させる考え方、自分の心の奥にもっている潜在意識を顕在化させてゆく——それが熱いテーマだろう。

アメリカや日本で起きている不祥事の多くは、会社がよりよい品質の製品を生み出してゆく、よりよい社会へのプラスになるサービスを生み出してゆくという企業本来の使命感を忘れ、数字のみを追いかけてゆく〝偽りの目標〟から生まれたにちがいない。全企業人はもう一度、自らの使命感について思いなおす必要があると思う。

閉塞状態を打破するためには、会社が燃えるテーマを共有することだ。会社のなかには適正なテーマを連続してもてないところがたくさんある。それらの会社は衰退の運命をたどらざるを得ないだろう。一日ワン・バリュー（ひとつの価値）、一日ワン・クリエーション（ひとつの創造）というような考え方を全員がもてば、新しい途は拓かれてゆくのではないか。

大きな課題が目の前にあればあるほど、真っ正面から堂々とぶつかってゆく気持ちが生まれてくる。そういう向上欲、前進力、たぎる意欲、プロジェクト課題がいま萎えてしまってはいないだろうか。いかなる窮地に立っても、姑息な手段や小手先の策で対応しようとしないで、正面から自らのもっている力で、後がないという決意をみなぎらせて行動することこそ大事だろう。

ミッションを問え

リーダーは変化の旗手として、知識・知価型社会への脱皮をはかることが大切だ。そのきめ手はミッション（社会的使命）をしっかりもつこと、そして自分の強みを活かして時代とともに変化し、進化し、失敗にとらわれないで未来を切り拓くことではないだろうか。

わたしがニューヨーク大学にいるころ、ピーター・ドラッカー教授の近くに研究室をもらっていた。ドラッカーがつねに〝自分自身の社会的使命は何か〟という、自分さがしをしていることが尊敬の的になっていた。使命感とは、つねに学び、企業内の重点目標を基本的に実行してゆくことだと思う。

優秀な企業は、組織目標の設定や戦略の組み立てがきちっとできていて、それが市場への発信を明確にし、顧客満足へのしっかりした手立てを可能にしている。そしてある意味では、大事な点は企業のハートフルなコンテンツがそのミッションを達成させるのだと思っている。

企業人よ、もう一度、わが社をどういう企業にしたいかを、社員にストレートに語ってほしい。これからわが社はこんな伝統文化、使命感、ドメイン、コア・コンピタンスを大切にしてゆくという強い意志を全社員に伝えてほしい。社長自身の考え方、こういう力量を磨いてみんなを引っ張ってゆきたいと、正直に語ってほしい。各部署のリーダーである副社長、専務、常務、取締役のすべてが、どんな発想で、どういう社会的使命感をもって行動しているかということを、わかりやすく、社員から、市場から見える形で明らかにしてほしい。

抽象的ではなく具体的に「わが社のこの技術をこう伸ばしたい」「新製品開発をこんな仕組みでやりたい」、広告や販売促進についてもおざなりでなく「こんな考え方をこう伝えたいからこのメディアを使ってこのようにしたい。宣伝部と販促部はこんな協力をしているが、いまここまで進んでいる」というように率直に伝えるべきではないか。

一言でいえば、この点がわかりにくいままになっているのではないだろうか。

わかりやすい経営の徹底

わたしの恩師にあたる鈴木保良博士は「会社が成功するには、企業のミッションはもとより、従業員へのミッション、株主へのミッションを大切にすることだ」とおっしゃっていた。そして会社を訪問されると、組織目標、共働意欲の高揚、意思疎通の大切さを話されていた。鈴木先生の周りにおられたミノルタの田嶋一雄社長（当時）は、先生から社会的使命のことを聞かれて「確かに社長としての構想が大事だ。それにはビジョンをもつことが大切」と、わたしたち若手に話されたことを覚えている。

鈴木先生にご一緒して、しばしば永谷園の永谷嘉男会長にお目にかかった。永谷さんは「アンテナは高く姿勢は低く」の信条を貫き、つねに予見する動物的嗅覚を磨いておられ、多くの人材と付き合っておられた。そして従業員の面白いアイデア、クリエーティブな提案、活発な動きに褒め言葉を与えていた。つまりモチベーションや刺激をつねに与えておられた。

尊敬を受けた経営者をみると、わかりやすい経営を心掛け、はっきりした見通しをもっていたうえに勉強を怠らなかったように思う。

リスクを賭けてみよ

改善ではなく改革

近年、予測できないことが数多く起きている。リスクマネジメントという言葉では包みきれないほどの事件・事故が起きた。こうしたときに当たって、企業は何を考えねばならないか。世界の経営専門家の意見をとりまとめてみると、次の五つに集約されよう。

①組織の保有するコア技術を高め、研磨し、ドミナントな差別的価値創造をするパワーを発熱すること。

②高度専門ノウハウをベースにし、グローバルな社会への的確な提案力、対話力を科学的に強化し、実践してゆく。

③マーケットや顧客のニーズ、ウオンツを探りあてるため、深い心理的な調査を積み重ね、

これの継続、展開を図ってゆく。

④ 組織内外の知恵と知識を集結して、活力あるプロジェクト・スピリットを発動させ、ワークショップづくりを活発に進めて、協働的展開力をパワーアップする。

⑤ トップマネジメント自身が組織の難しい作業・課題に取り組み、熱烈なエネルギーを投入し、苦悩する経営実態のなかでポジティブな舵取りを行い、厳しい競争条件にタフに対応するために絶えざる学習、顧客への接触を怠らないこと。

これらを着実に進めてゆくには、使命感に燃えて、つねに〝改善ではなく改革〟へ日々向かう献身的な行動が求められるだろう。花王株式会社の丸田芳郎元会長が「過去の常識はこれからの非常識という感覚をもて」とよくおっしゃっていて、「価値基準そのものを入れ換える必要があるのだ」と訴えておられたことを思い出す。

ユニ・チャームの高原慶一朗会長は強烈な経営意識と行動力をもつ方だが、「徹底的に考え抜かれたエキスはシンプルなものとなる。シンプルで、凝縮され抽象化されたものほど、汎用性に富むのだ」という意味のことをつねにおっしゃっている。シンプルなものほど組織全体に浸透しやすく、徹底しやすい。高原さんの経営理念が実ったのは、そのうえに、企業行動の原点は顧客へのサービス機能を誠実に遂行することだと本気になって取り組まれたからだと思う。これを世の中ではヤル気というが、ヤル気を具体的に展開するには大きなエネルギーと熱い使命感がなければできるものではなかろう。

学びが深さ、やさしさをつくる

企業を訪問していて心を打たれることがある。勉強しなければ横柄になる。学びが人間の深さ、やさしさをつくるのだと思う。そういう意味で社長の方々に、教育に力を入れろ、人づくりに乗り出せ、叱咤激励しろ、動かない者は配転しろと申しあげたい。それができない虚弱なトップは、いまの厳しい競争のなかで生き残ってゆくことは難しい。

もちろん、トップ自身が学びつづけることは必要だ。そのトップの姿を見て、社員がなんとしても男にしてあげたいと燃えてほしいのだが、そんな話をあまり耳にしなくなったのは寂しいことだ。

わたしはゼミの卒業生が学会で発表する場に必ず出ている。発表をよく聴いて、終わったときに彼女や彼の顔を看る。来てくださったのだ、という気持ちが彼の向学の火を一層燃え立たせる。その労を惜しんだら後輩は育たない。

企業も同じで、上司が労を惜しんだら部下は育たない。労を惜しむ人間はリーダーになれないし、その資格がない。打算と計算で動けば、部下に完全に見抜かれる。信頼が生まれるはずがない。営業や流通にかかわる人たちには、お客様へのお陰様という感謝の心と信頼がなければ立ちゆかない。

くたばれ三悪

日本の商いを悪くした言葉がいくつかあると思う。一つがマニュアル、二つめが能率、三つめが標準化だろう。マニュアルは日本の商いから、声かけをなくした。さまざまなお客様の顔も見ないで「有難うございました」とくり返すだけ。その典型がコンビニエンスストアだ。能率、標準化も仕事、職場から人間味を消してしまった。全くテキストのない創作活動が商いなのだ。だから難しい。だからこそ新しい工夫をしてお客様に喜ばれるのだ。そこにおもしろさがあり楽しみもある。これが商いの醍醐味なのだ。

マニュアル、能率、標準を取り去ったら、商いは一変する。従業員の感覚がフレッシュになる。感動人間になる。そしてお客様のお役に立っているという自覚がもてるだろう。商いの世界になぜ人間味を消す言葉が横行するようになったのか。そんな言葉を日常語にしている会社には、怪しげな風が吹いているのではなかろうか。商いに従事している人間は、「お客様からいただいた」「お陰様で」「うれしい」「感謝」を日常語にしたい。形でなく心の問題であることは言うまでもない。そういう意味で〝教養〟が懐かしい。

真の商いを創るために、まず社長の方々に、まぶしい、すばらしいという尊敬を受けるような存在であってほしい。一人ひとりがアイデンティティーが明確で、ドーンとした重量感、信頼感がほしいと思う。最近、社長の方々にお会いしていて、その点が気にかかっている。オーラという迫力が全く感じられないのだ。これで、人に影響を与えることができるのだろうかと気になる。

深く思索する、修羅場をくぐる、よく学ぶ、商いの真髄を身につける。そのどれも体験しない、あるいは薄い日々を過ごしてきた経営者が多くなったということでもあるのだろうか。

リスペクトな生き方もいいものだ

エクスキューズ・カンパニー

　最近わたしがよく耳にし、気にかかっていることばがある。「だれがわるい」「何かがわるい」「何かがくるっている」だから「しようがない」というエクスキューズ（いいわけ）である。それは創業や事業の理念の風化が起きてしまったのではあるまいかと、心配になる。過日も日本の経営のリーダーといわれる方々にお目にかかり、そのことをお話ししたら「情けないが……」と同感なさっていた。

　マネー社会あるいはモノ社会といわれるいま、文明化だけは進んで、精神で良く生きていない気がする。カネ・モノ・文明主義で生きるのでは、良く生きることができないのではないか。文化・人間を大事に生きることができない日々のなかから、よい社会やよい会社は生まれないのではないか。そこには他者連関からくる愛情、関係性もつくれないのではないか。魂を高めるような声かけがなく、真心に話しかけることはできないのではないか。人生をインプレッシブ（感動的）に生きようという意欲も生まれないのではないか。

そんな組織は愛をこめた動きができないし、お互いの感覚のズレもあるだろうし、リスクも回避するだろう。

経営トップ自身が末端の動きまでよく把握することはできず、組織内のポリティクス（政略）のみが働いてしまう。

だから事に対して評価する場合も、火が起きてから消し方のうまい人が評価され、未然に防いできた人は評価されない。マッチポンプ型人間が評価されたり、そんな不平等、フェアでないことが、社会・会社をむしばむように進行しているために、総合力が発揮されないのではないだろうか。

またリストラ、あるいはリエンジニアリングの名のもとに、社員を人間としてみないで、コストとしてみる。そうしたまちがった想いからは、活性化された企業、ワーク・ウェル（work well）、グロー・ウェル（grow well）の企業は決して生まれてこないとわたしは思っている。

長い〝ものさし〟をもつ

現在の経営のなかでの難点のひとつは、トップマネジメントの〝ものさし〟が短いことかもしれない。あるいは〝引き出し〟が少ないためかもしれないとも思う。学んでゆけば異文化を理解する引き出しや、異なった価値観や人生観を磨く引き出しがふえてゆくものだ。ものさしだって、市場や視点や、あるいは長さでものを観ることができるし、異質でものを観ることもできる。議論をたたかわせて調べぬいた結果、判断がひろがってゆくということも多くあるものだ。

わたしが大切にしている友人のひとりにサントリー専務取締役の立木正夫さんがいる。立木さんはものさしの長い人だ。つねに哲学や考え方を大事にしながら人に接している。日常行動は考えぬき、調べぬき、見つめ、聴き、議論し、協力する。フットワークとネットワークで対話し、専門性を深めることに努めておられる。前向きで、踏みこむ力を上品に進め、やわらかな分かりやすい言葉で表現される。だから短時間で理解の交流ができ、ことばの一つひとつに愛情と個性の電流が強力に走る感じがする。これが向上し合える友人関係かもしれない。

立木さんとは「人間とは、世間とはこんなものだなどと思ったら終わりだろう」と、よく話す。それを乗り越えてゆく苦しさのなかに幸せを考え、その苦しささえも楽しんで分かち合える友人をもち、生き方を大切にしてゆくことがいい仕事人生かもしれないし、いい研究人生かもしれないと話し合う。ときどき短いがていねいなメッセージをくれる。その温かなコンセプトのやりとりが、わたしたちの大切な友人関係を快く深めてくれていると、つくづく思う。

心を開き合う条件

自然に対する優しい感受性、芸術的センスの確かさ、几帳面な人間関係づくりの誠実さの持ち主で、わたしが心を開いてお話のできるお一人が電通の俣木盾夫社長だ。お話していると、創造性がゆたかなうえに、仲間として安心、善意、礼節がほのぼのと伝わってくる。俣木さんと話題になるのは、新しい常識に挑戦しようというイノベーションへの道であったり、何をどう学ぶか、交流しハーモナイズし、ケアし合うにはどうすればいいかなどが多い。そして人づくり、未来づくり、明るく思いやる、涙を流す、家族、コミュニティなどがよくキーワードになる。

俣木さんは考える人、聴く人、ふところの深い人だ。俣木さんのような方は他にもいらっしゃるだろう。そしてそれは経営者の必須の条件であると思う。

わたしはそうした方々との交流から、人の気持ちを真っ向からとらえて、それを節理を質して深く読むという知的したたかさが信頼をつくり、しっかりした議論から具体的にリアルに考えることの重要性を学んだ。そういうことのできる方が「人物」なのだとわたしは信じている。

若い経営者で、交流を通じて自らを磨きつづけようと努力する方々もいる。中堅企業・新進の籠島正直社長は、父上の満亀会長からそのことを教えられたそうだ。「成功とは、素質・努力・忍耐だけでもたらされるものではない。よい友人・先輩・後輩の全人脈とガッツが不可欠だ。お前は、丈夫な体があり勇気もあるから、ガッツの点はマルだ。交友、勉強、努力、辛抱、それをガッツで生かしきれ」と訓されたという。「心身の専門性をつねに磨け」と会長は事あるごとにおっしゃるともうかがった。「いい親父さんをもったなあ」とわたしは籠島さんと語り合う。

先人に学ぶ、ここがキメ手

歴史の再学習

歴史的な経営者や事業家をみると、皆、苦しみぬいてきたように思う。そして自分の思索の空間、想いの空間を深めていき、仕事の場のなかに何かを見つけ出していったという気がする。

文部大臣をされた永井道雄先生とときどきお話をしたが、「大学時代は生《なま》の人間性をさらけ出して、いつの間にか分からないうちに精神修養を積み、礼儀作法を身につけ、古典を読み、先輩から人間として人並みの処し方を修業する。これが基本かなあ」とおっしゃったことがある。技術や専門知識は短期でも勉強しぬけば、案外ある程度身につくものだ。もちろん、創造的開発者になるためにはそれなりの才能に恵まれていることが必要だろう。それはそうなのだが、いま企業のなかで欠けているのは、創造の世界、独創の世界、オリジナルな領域を拓くために苦しみぬき、耐えぬき、思索を深めて、自分に対してきびしい構想と構図を課すことが必要なのではあるまいか。

わたしは建築家でも芸術家でもなく、経営やマーケティングを学んできた一学者だが、最近、偉大な経営者について思うのは、歴史の勉強の大切さ、そして人間が最終的に求めてゆく感性の磨耗してゆくことを恐れること、居心地のよさ、心ゆたかな満足度にひたることの大切さを教えてくださったという感謝の深まりである。

五感経営に学ぶ

いま、企業に必要なのは、「うちの会社とは何なのか」とはじめから考えてみることだと思っている。食品会社であれば、うちの会社は人間が生きる〝生命体〟のなかに好感をもって受け入れられるどのようなミッションを提供してゆくのか。それを生活研究の積み重ねからまとめあげてゆく力が必要なのではないか。

ハウス食品工業の浦上博史取締役にお目にかかった。わたしは浦上さんの父上の故浦上郁夫社長と親しかったので感慨を深くしたのだが、郁夫元社長は「わたしたちは毎日、お客さまのプレミアム・バリュー（付加価値）を追求している。それはカレーという機能価値ではなくて生きる文化価値ではなかろうか」と、しばしばおっしゃったものだ。郁夫元社長は音楽ずきで人間ずきで、人との会話をひじょうに好まれた。だから「メーカーはお客さまの懐ぐあいに合わせて、値段と見合ったものであれば味も量も多少がまんするものだよ。自分が納得していたら、どんどん次も使ってもらえるものですよ。商売というのは納得を創る、納得を得るものではないだろうか」ともおっしゃっていた。

お会いするたびにすてきな経営者だなという想いが残った。ざっくばらんで、どこでも足を運んで、動物的嗅覚、触覚を駆使して、商品の品質や価格や好みに鼻をくんくんならし手に触れて歩いておられた。ご一緒しながら、「ああ、商売人とはこういうものなのか」と幾度も眼を開かされたものだった。

いま、鼻をくんくんならし体中をレーダーにして動いている経営者がどれだけいるだろうか。社長室にこもって、調査データを見て物事を判断しようなどと思うと大きな間違いをする。すぐれた実業家、経営者は街を徘徊するところから生まれるとわたしは思っている。そして毎日、何人の人と会話をするかが大事なのだ。言葉を換えるなら、生き残る実業家像というのは、多くの人たちのゆたかな経験に基づいて自分の責任をもったビジネスの生きざまに鋭く迫る姿ではないかとわたしは想う。

はたしてこのことがすてきな企業家づくりのスタンスになるかどうかは分からないが、間違いなくひとつの突破口になるだろう。

わたしは、いまの実業家、経営者、リーダーの方々が、もっと歴史の勉強、哲学の勉強をし、風俗、民族、人間、生活、くらし、生き方、考え方、遊び方に関心をもち、それににじり寄るところから小さな成功、小さな驚きを与えるものが生まれてゆくように思う。二〇〇四年、日本の企業よ、人間に爽やかな驚きを与える存在になれと言いたい。

元気の10か条

今日という一日は、明日につながる二日分の値打ちをもっている。だから今日を大切にとらえようではないか。元気を出させるキーワードをあげておきたい。

①市場の成熟とは、顧客が自分のニーズを語れないこと。だから提案力が大切なのだ。

②〝時短〟が大切なのは、時間ではなく〝成果〟をどうあげるかがポイント。新しい芽を生み出す風土づくりを忘れないこと。

③忙しく振舞ってはいけない。それは人を疲れさせる。充実した仕事ぶりをみせるのだ。自分はどこかで、他人や社会とつながっている。

④会社とは〝個性〟の集団。〝異人〟が多いのがおもしろい、そこにこそクリエーションの芽がある。

⑤人間みんな勝手なことだが、生活がよくなることを〝権利〟としてみている。それがいまの社会だから大変なのだ。

⑥コミュニケーションとは、想いをすてきなことばに、ことばを行動力にもってゆくことだ。

⑦知識・知恵は判断する力、精神力や根気は実行する力。

⑧もうけるために販売するのではなく、喜びつづけてもらうために売るのだ。

⑨書物・友人・芸術・旅すべての生活からインスピレーションを求めよ。学びはどこにも。

⑩人間とは日々自らを確認し新しい自分を創造してゆくもの。日々、脱皮してゆくもの。

人間の美学をもとうよ

〝今〟を大切にしよう

いまぐらい心の欠如、精神的な豊かさの欠落、荒れた、すさんだときは少ないように思う。「夢を大きく」を合言葉にして、人間らしさの溢れる社会をめざしたい。これが二十一世紀に入っての願いだったが、その期待は打ち破られて、暗い、何か押しつぶされそうな、明るい材料の少ない社会を迎えてしまった。人の心もどこかへすっ飛んでいくような感じの日々である。こんな時代に生きているということ自体悲しい気がするが、その担い手の一人、構成員の一人である自分を看ることも、また深く反省することも必要だろう。

前向きに生きたい。そして明るい材料をつくりたい。人の心を大切にして、活気ある日々を送りたい。いつも人間の心を中心においた生き方をしてゆきたい。そんなアンビション（大きな志）のある社会をつくりたい。人と人の温い心が触れ合う社会にしたい。すべて標準化され、能率を考え、マニュアル化された社会から逃がれたいというのが今日の心境だ。

こんなときに求められるのは、人間の美学をもう一度取り戻すことだ。人間が生きる姿は美しい。日々、自ら爽かに時をきざむことを心掛け、学ぶ姿勢でより深く、より大きく、より強く生きることが、社会を、心をゆたかにしてゆくと思いたい。

このごろ同窓会の仲間やいっしょに勉強した先輩や後輩に会うたびに、みんなが口にするのは、〝今〟このときを大切にしようという言葉だ。そのために情熱のある生き方、団結力のある乱れない人間社会の美しさを呼び戻してゆきたい、新しく創りだしたいという希望に燃えている。いわば人間の美学を取り戻す時代のなかで喜ばれ、楽しむ、いい心地になるといった快適な日々を過ごしたいと願っているのだと思う。

何かに追いかけられ、あわただしく時をきざまれ、せせこましく、逃げ腰の生活から脱却したいとは、多くの人の感情にひそむ本意ではなかろうか。スイスの哲学者で政治家でもあったカール・ヒルティの「美徳の習慣を身につけるには、とにかくやること。すぐ始めること」という言葉を想い出している。われわれに、いま必要なのはこのことだろう。

リベラル・アーツ好きの経営者

わたしの同窓、同級に株式会社菱食の廣田正会長がいる。つねづねわたしは廣田さんを、大胆で刺激的で、科学的で、優雅に洗練された豊かな経営感覚をおもちの方だと思っている。自由な精神でモダンな感覚を求心的な発想に収めて、敢然と具体的なビジネスの展開にもちこんでいる。稲妻のような輝きとダイナミクスを穏やかな人間性で包みこんだ経営者というのが、いつお会いしても抱く実感だ。

トップマネジメントという立場は心地よいものではない。心に期したことをやり抜く執念をもち、仕事を進める形をつくる、枠組をつくる、実行させる力を引き出す、声かけをする、動きに目くばりをする、一人ひとりに芯のあるテーマを与える、チャンスを逃さない、はずさない、いつも反省しレビューし明日の課題を考える、新鮮な目で観る、こんな日常が廣田さんが立派な仕事をされている基礎体力なのだろうとわたしは観ている。

廣田会長はベストを尽くし、楽しげに仕事をなさっているが、学生時代から友人たちの評判では〝リベラル・アーツ〟が好き、いわゆる人間科学がめっぽう好きな青年だった。

年を経て経験を積むにしたがって、状況を考慮し、相手の立場を尊重し、人の恩を忘れず、考えは具体化する。より市場に近づき、どんなプラスをわが社は与えられるかを考え、感覚で悟ったことを論理でわかろうとする。それらが迫力となって全社員の心に到達する力になっていると私は思うのだ。

お会いしてほんの短い時間会話を交わすだけで、どれだけの深い勉強をし思索をなさっているか、知恵を蓄積されているかが伝わってくる。それが廣田さんが実力経営者となった〝体で覚えた経営〟パワーアップを日々なさっている姿そのものだと思う。友人としては円満で裕福な心をもつ人だ。信頼し合える人だ。いま望まれる経営者像のひとつを見る思いがする。

マーケティングの心

わたしはハーバードで勉強をした。そのときうかがったテオドル・レビット教授の講義を忘れられない。「マーケティングとは、商売とは、親切でやさしいこと（kind & tender）だ。そして考えることだ。おうかがいに行くことだ。調べてみることだ。あくなき追求心だ。サービスに徹することだ。お役に立ちたいという気持ちを満身にゆきわたらせることだ」と教わった。

「過去に成功した多くの作業は、これから同じやり方でやって成功するとは全く限らない。それに新しい知恵を入れて初めて何かが、心を動かすものが生まれるのだ。魅力ある仕事をしているという自信がなければ、仕事はうまく進むものではない」というレビット教授の言葉は、いまも強く記憶している。

これからどういう時代になろうと、誠実に顧客のことを考える会社が成長することは間違いない。面倒くさいことを知らんぷりをしたり、気がつかないふりをしたり、後に回したり、逃げ腰で仕事をしていたら、おそらく後悔することになるだろう。日本グッドカンパニーは良いリーダーをもっている。良いリーダーとはそんな素敵な風をつくりあげるものだ。それが企業文化なのだと思っている。

捨て身でこそ迫力あり

起業家精神〝復活元年〟を創ろう

書斎の整理をしていたら、一九九四年（平成六年）一月四日付・日本経済新聞の社説が目に留まった。「経営者よ、役員室を後に街に出よう」という題だった。経営者は外部と遮断された役員室や送迎車などから飛び出し、庶民の生活に触れて、活力ある創造的破壊に向かおうという内容である。起業家精神を復活させたいという願いが、社説のなかで脈打っていた。

わたしは学生時代に感動したあのシュンペーターの、イノベーションの「動態的把握」を想い出した。起業家の創造的な破壊行動は発展の原動力である。だから日々の経営が単なる繰り返し、継続に甘んじるなら、起業家ではなく経営管理層にすぎないというのである。この考え方に接して、青年研究者としてわたしは縮んだ心の暗さから未来に向かってはばたくエネルギーを発散しなくてはいけないと、気持ちを奮い立たせた。

　過去の常識・価値観・物の見方・考え方を思い切って捨てて、新鮮な感覚で新しい市場のニーズあるいは欲求に目を向けていかねばならない。危機に直面するいまこそ、一歩も引かぬ不屈の精神が必要ではないだろうか。

根津嘉一郎氏から学ぶこと

　東武鉄道の根津嘉一郎さんが亡くなった。根津さんには根津美術館でもお目にかかったが、脈々と息づいている起業家精神を体内にひそめていらっしゃるとつねに思ってきた。

　根津さんの父上の先代嘉一郎氏は、事業不振が続きボロ会社といわれた東武鉄道を、立派に立て直した経営者である。外部から社長になって入ると、思い切った内部改革をやった。本社を質素な建物に移し、事務用品ひとつまできびしく管理して経費を切り詰めた。社長室に寝台をもちこんで二十四時間、再建と取り組んだ。

　乗客をふやすために周囲の反対を押し切って路線延長を決断し、利根川架橋の大工事を行って、営業収入がふえるとどんどん路線を延ばしていった。日光線の敷設を決めると、観光客は日帰りするといって地元は猛反対した。いや、二倍三倍の客を連れてくるといって説得し、実際に新線が敷かれると観光客は激増したのである。鬼怒川温泉の開発に当たっても地元旅館の反対は強硬だったが、旅館がつぶれたら全額補償すると言い切り、リニューアル資金の面倒までみた。今日の大温泉郷はこうして生まれたのだ。

根津さんはさらに、国内外の鉄道を新設したり甦らせた。その数は二十社を超える。それまで誰もやれなかったことを体を張ってやり遂げている。そのほか、国民生活に必要な紡績、ビール、製粉、生命保険などの立ち上げに力を尽くした。教育事業に対して、高等学校をつくり、郷里の学校に広大な敷地を寄付もしている。まさに骨太の経営者だった。

根津さんのご令息の公一氏（東武百貨店社長）にお目にかかった。おじいさまから代々、根津家のＤＮＡをもっていらっしゃることに幸運を感じ、日頃から起業家精神に富んだ考え方を家族の会話のなかでひたれたことの恵みを想った。二代目の嘉一郎さんは多望な方で、人間的魅力をセンスゆたかに体から発散しておられた。わたしは芝・増上寺で合掌しながら、そのありし日の姿や言葉を想いだし、こみあげてくる感動に、商いの心をもつ人間・根津嘉一郎さんを偲んだ。

肯定的な考え方を力に変える

人間は正しい生き方や強い生き方を求められている。自分の感情や考え方を異質性のなかで認識し、それを言語化して論理的にメッセージとして発信できることは、大きな力ではあるまいか。自分と違った考えをネガティブに受けとめて、否定的なループに載せることは後向きだ。不屈の精神が異質性を大きく包みこみ、体内にやる気を燃えたぎらせる、そうした行動にこそ起業家魂はあるのだと思っている。

人間にも燃料が必要だ。よく食べて、よく学び、よく交流いわゆる遊んで、思いきって直球で発言して、義理と人情を大事にし、マナーを尊ぶ深い生き方とすることが、リーダーとしての生き生きした仕種をつくるのだ。

卑しいことを避けよう。城山三郎さんの書かれたもののなかで、わたしが一番気に入っているのは、卑しいことを忌嫌っていることだ。形式的なことも嫌いらしいし、冷たいこともお嫌いのようだ。わたしも同じだ。そしてわたしはネアカが好きだし、心を高めてゆくような会話をする方がとにかく好きだ。それが人間の魅力でありセンスであると思う。いま、これからのキーワードになる大きな言葉は、魅力とセンスだろう。魅力には、会社の魅力、商品の魅力、ブランドの魅力、人間の魅力、組織の魅力、空気（社風）の魅力など、いろいろな魅力がある。魅力があるから人脈が生まれてゆくし、ツキもくると思っている。

広告だってクリエーターが単純につくるのではなくて、商品を創りあげた会社のすべての社員の願い、誇りを広告化するのだ。社員の願いをメッセージ化するのが広告なのだ。その広告メッセージを通じて、顧客満足を超えて「顧客充実」を与えるのだ。「カスタマー・エンリッチメント」「カスタマー・エンパワーメント」という言葉はそこから来ている。そうした企業には、売り上げの低迷を不況のせいにする空気はなく、それぞれの役割のなかで勇み足をする気力がある。根津公一さんにDNAを引き継いだ日本力を商いのなかで発揮していただくことを、心から期待している。

第二章

構想力と展開力

新しい時代をリードするカリスマ

型破りが新市場を拓く

新しい時代をリードする人の発想、考え方は、つねに当時の通念や常識を超えた型破りのものであった。ある時間がたてば当たり前となるような考えでも、最初は偏見と見られ、あるいは変わった発想と思われ、多くの人には受け入れがたいものであったはずだ。

かつてイギリスの産業革命をリードした一握りの事業家がそうであったし、明治維新に功のあった坂本龍馬もしかりであろう。大きな時代のターニングポイントに遭遇して、その荒波を越えるには、夢や希望そして新しい発想や手法によらなくてはならないことを歴史的事実がわたしたちに教えてくれている。

現代に眼を向けてみると、多くの業界で「寄らば大樹の影」という考え方を疑うものはいなかった。大きい会社は強い、歴史のある会社はつぶれない、一生懸命にやってさえいれば必ず努力は報いられ市場や顧客に伝わるはずだといった言葉は、社会のなかでひとつの生き方として言い継がれてきた。こんなことも、いまは通用しなくなった。

高度情報社会の今日、仕事の仕組みややり方を根本的に変え一生懸命やるだけでなく、発想が豊かで戦略的な知的行動が案内人に従って前進するところにこそ経営の新しい息吹は感じ取られるのではないか。

たとえば、アイスクリームにお菓子というコンセプトを持ち込みながら成功させた江崎グリコの江崎勝久社長は、なかなかのコンセプトメーカーだとわたしは思っている。シャープが消費者にわかりやすい機能を家電品関連シリーズで次々に開発していったことも注目されよう。そこには想いを形に概念化し、実現化し、品質プラスわかりやすさ、おもしろさを加えていった姿があり、街の話題を有効に生み出すというエネルギーを感じさせられた。

生活者の視点から必要を満たしていないものは、社会には受け入れられない。市場や顧客は自分のニーズは語れないし、菓子業界も従来の菓子のコンセプトから抜け出ることが難しければ成長は止まってしまうだろう。

関家社長の考え方原論

わたしが日頃接している経営者で、お会いするたびにすてきな語録を示してくださる方がいる。株式会社ディスコの関家憲一社長はそのお一人だ。半導体のカットというハイテク技術で、今日の企業を育てた方だが、その考え方原論はきわめて明快で参考になる。わたしが関家社長から学んだことを十項目にまとめて紹介したい。

① 経営哲学を継承し、その研摩を怠らない。わが社の経営哲学に基づいて、緻密な研究開発。大らかな気風、自由奔放な発想で活力ある組織をつくる。

② 企業のオリジナリティーを高めてゆく。専門性、イノベーションを明確にし、コア・コンピタンス（中核的競争能力）を独創性のアイデアで固めてゆく。

③ 活力ある経営をもたらすために、モチベーションを上げてゆく。すべての努力を結集する。

④ 感謝、感謝、感謝。顧客との関係価値をつねに念頭に置く。

⑤ 小さなクレーム、小さな苦情を大切にし、それが新しい営業力を生む基本であることを浸透させる。

⑥ コーポレートブランドに対するプロの姿勢をつくる。ビー・サイエンティック（be

scientic)、ビー・ロマンチック（be romantic）、ビー・エグザクト（be exact）、の三つの法則を大切にしてブランド開発をし、定着させる。

⑦すてきなリレーションシップ、信頼のプロデューサーとなることを全社員が志す。感動、喜びを中心にする〝人間感動〟プロデューサーとしての立場を堅持する。

⑧輝けるものを一日一つ、一日一言（ひとこと）、一日一動作つくってゆく。それが積み重なって、よい会社になる。

⑨美しい未来のために夢をもつ。そして希望をもつ。そしてベターメント・ソサエティ（betterment society）をテーマに動く。

⑩ハート、ソフト、アート、ハード、そして実行。ドゥイズムを明確にして、実現に邁進する。

社員をふるい立たせる社長の美学

関家社長はこれらの言葉を実践し、高生産性を実現し、情報装備力をもった独創性豊かな企業を、バランス感覚をもった効率経営体としてつくりあげていた。そして哲学のうえに立ったサプライチェーンという概念を、企業間の価値創造連鎖という形で展開を図っている。わたしはそのなかで情報システムを生み出す戦略性、組織と人、情報テクノロジー（ＩＴ）等を包括的に取りあげる情報アーキテクチャーの構築ができている企業がディスコだと思っている。

情報アーキテクチャーの構築はそれほど簡単なことではないが、フレームワークを担当する情報システムがなければ、市場情報、経営管理のための情報、戦略設定のための情報をうまく構築して有効な行動へと実らせてゆくことは難しいだろう。経営の最高指導的な立場にある人は、それを柔らかく実行してゆくことが大切だろうと思う。

関家社長は人間的魅力を整え、価値を生み出す体制づくり、組織づくりに取り組んでおられる。その活きた場からアトラクティブな製品が生まれてこないはずはないのだ。いま、わたしを含めてだが、日本人は美学を忘れてしまったかのようだ。企業においては、社長、専務、常務というトップは、下の人たちの憧れの存在である。ああいうトップになりたいという人が率いてこそ、社員はふるい立つ。上の人たちはそんな美学をもってほしい。ディスコという企業の成功には、そんな〝社長の美学〟が負うている面のあることを見逃せないと思っている。

若々しい会社と抜け殻会社

CSを進化させる

「想い」とは、相手を心で支えると書く。一人ひとりの人間に寄り添って、個と向かい合って、個から気づき、個から学び、一人ひとりの顧客から価値観を教わり、対応してゆくことがいま、求められている。これこそ企業成長への基本姿勢ではないだろうか。

そして同時に、CS（カスタマー・サティスファクション、顧客満足）を超えてCD（カスタマー・ディライト、顧客感動）追求の究極の姿として、顧客とパートナーとなって「良く生きること」を創造してゆくコミュニティをビジネスとするのは、企業の理想といえるだろう。ベネッセ（Benesse／よく生きる）とは、まさに企業が今後あるべき、やさしい、そして強い在り方を示すものだろう。「タフでなければ生きてはいかれない。優しくなければ生きている資格がない」という作家レイモンド・チャンドラーの有名な台詞があるが、人も企業もそうあるべきだろう。

ベネッセコーポレーションの山崎光雄会長にお会いした。ベネッセコーポレーションは成長が速く、無借金経営を堅持している。つねに前向きの姿勢で自らの活動を直視している。添削の「赤ペン先生」を通じて気づき、問いかけをしてゆく。個人個人にていねいにCS、さらにCDを実現してゆこうと、新たな行動を心掛け、リフレッシュの波を送りつづけている姿はすばらしい。

山崎会長は、こう話してくださった。「顧客とのよい関係とは、パートナーであることだと思います。お客さまお一人おひとりを社員が無二の存在として、一回一回の出会いの機会を大切にして、関わりつつ愛情をかわしつづけてゆくなかから、CSの進化が行われるのです。ですから、ベネッセコーポレーションはCS＝ES（エンプロイー・サティスファクション、従業員満足）マインド・カンパニーという価値観をもつ会社なのです」。

ここに進研ゼミの顧客との関係性の強さとやさしさがあり、これが成長の基になっているのだとわたしは理解した。こうした企業の姿勢は、社員全員が学びつづけているかどうか、全員の知恵を結集しているかどうか、タテ割りの欠点がないかどうか、顧客と一体になって盛り上げる力を大事にしているかどうか、ということの集積ではないだろうか。山崎会長の言われるように、企業でも個人でも意識改革を伴って、いつもメイク・ニュー（革新）してゆく姿勢の大切さをわたしは痛感した。

ソリューションへの反射神経

敬愛する三井化学元会長の渡邊五郎氏と経営談義に花を咲かせた。

いまはソリューションの時代、顧客の問題解決の時代だ。こういうときにはシリコンバレーのベンチャー企業群のように、いつでも、どこでも何回も創業する、スタート・アップ（起業）する気概が大切だ。企業行動はゲームのように愉しみ、「いま」を大事にし、夢に日付を入れてビジョンに変え、顧客の希望やあこがれに焦点を絞り込んで、そこにエネルギーを投入することが必要だ――こんなことを話し合った。

そのとき渡邊さんが話された言葉が、わたしの心のなかで発酵している。「意欲的に、ストロング・ウィル・トゥ・リッスン（Strong Will to listen）、つまり顧客の声を聞く意思をもつ、ストロンガー・ウィル・トゥ・キャリー・イット・アウト（Stronger Will to carry it out）、つまり、より強い意思でそのことを実行する力をもつことが大事だ」。

「お客様からいつも自分が、全社員が、ファースト・パーソン・トゥ・ビー・コールド（First person to be called）、つまり一番最初に指名される人になることだ。そのためには、学びの蓄積から生まれる力量と品性と、生命力のうずき、深い対話力をもつ全人的な存在が必須だ」。決意と行動の金言だ。

抜け殻会社に魂を入れる

顧客の問題解決には、企業はすてきな提案力で応えなければいけない。提案力には科学性と情緒性が求められる。説明力のあるインテリジェントな技術と、楽しく購入され満たされて愉しく活用されることが必要である。

いまこそ従業員同士がスパークし合い、現状認識して力を合わせ、ズルズルとマンネリで過ごさないことが重要なのだが、その純な魂がどこかに抜けていってはいないだろうか。

わたしはいま、企業に青春が萎えてしまっている気がする。青春とは、夢と気概をもって、魂のこもった行動へ、ひたむきに燃焼してゆくことだと思う。こうした行動に目を向け、経営資源のすべてを振り向けてゆくには、チャレンジ精神をもった経営者の存在が必要不可欠である。わたしは企業トップの方々に次のことを問うてみたい。

・あなたの会社のコア（核心）はなんですか。
・専門性をどのように磨きあげていますか。
・会社のオリジナリティはなんですか。
・お客様にお伝えするのに、細部にわたって人間関係を深めてゆくようなことをなさっていますか。
・できるだけ多くの社員と深い対話をしていますか。その対話の中に顧客との関係性が入っていますか。
・議論の一致内容は前向きに行われていますか。
・仕事にスピードがありますか。ケアがありますか。温《ぬく》いですか。
・達成感の幸せは全社員に共有されていますか。
この問いに多くの経営者が、そのとおりと即答してくださった。でも大切なのは、それを日々、二十四時間実行してくださるかどうかで、成長の形は変わっていくと思っている。

カオスが世の中を変えていく

企業活力の出発点

世界で成長を維持している企業は業種・業態を問わず独創性に基盤をもち、研究開発のコア・コンピタンスをもっている。コア・コンピタンスというのは、企業の中核となる競争能力で、専門性のある突出した技術、専門的個性・ノウハウである。

企業の生存の基本条件は、機敏に環境変化への対応ができ、過去の経験だけに頼らず、つねに新技術に対する理解力をもちながら、失敗を恐れずに新分野の開拓に挑戦し、新しい製品・市場を創り出してゆく積極果敢な創造型経営者が存在することだと思う。

最近、研究開発型のベンチャービジネスに対する評価が高まっているのも、その表れということができるだろう。

すべての企業活力のスタートは現状への怒り、未来への愛情から発するパッションではないだろうか。ロゴス（論理）よりパトス（激情）、パトスよりカオス（混沌）が世の中を変える要因なのではなかろうか。パトスを発し、カオスをひき起こしながら新しい姿を模索してゆくなかで、ロゴスが一貫するとき、筋が通ることになる。このロジックがすぐれていないとフレームワークが組めないし、どうなってゆくのかという未来への計算も立ってこない。ただしビジョンが夢の段階であるならば、この計算はファジーなものでよいだろう。そしてそのアバウトさは会社、経営者、時間の許容のうちで判断することが大切だろう。

大きな仕事を成し遂げてきた人たちを観ると、成功の鍵は人間のコンビネーションのあり方と気が付く。古くは本田技研工業の本田宗一郎氏と藤沢武夫氏の組み合わせは絶妙である。一人の技術開発者とそれをバックアップする腹心的マネジャーの存在。二人はそれぞれのパートナーによって生き切ったのだと思う。これからは、こんな琴瑟《きんしつ》のパートナーに恵まれるかどうかということが未来企業の要になるのではないだろうか。

鉄鋼王といわれたアンドリュー・カーネギーの墓石には、「わたしより賢明な人物を身辺に集める術《すべ》を心得た者ここに眠る」と刻まれている。わたしの大好きな言葉だ。これからの企業は大きいだけでは生き残れない。組織のなかで分権化を進める一方で、分権化する現場をうまくつなぐネットワークづくりをすることが必要である。そして、それらを統合してゆける、あるいは進むべき方向を明確に示してゆける強烈なリーダーシップをもつ社長の存在こそ重要になるだろう。

ホロニックの体内化

ここで主張したいのは、全企業がサバイバルのため、あるいは成長のためにコア・コンピタンスを磨きあげることに企業の全エネルギーを投入せよということだ。ハンガリー生まれの作家アーサー・ケストラーが、生物界における組織全体と個の関係について次のように述べている。「すぐれた機能を発揮する生物は、それを構成する細胞の一つひとつが全体を秩序づけるようにそれぞれが自発的に働き合って、自らの行動を制御しながら有機的に大きく包みこんでゆくホロニック（ｈｏｌｏｎｉｃ／分散制御機能）をもっている」と。ホロン（ｈｏｌｏｎ）とはギリシャ語の全体を表すホロス（ｈｏｌｏｓ）と個を表すオン（ｏｎ）からの造語である。

ケストラーのこの考え方は企業組織にそのまま当てはまるようだ。組織のなかの社員の一人ひとりが、あるいはすべての各部門が独立体として行動するだけでなく、他の部門と協調して全体調和・統一を図るのである。

このように有機的に組織が運営されるとき、企業は巨《おお》きな力を発揮することができる。このホロニックカンパニーへ体内化することが、アドマイヤード・コーポレーションへの道に通じてゆくのだと思う。好業績をあげている組織を観ると、組織を構成する一人ひとりが自らの仕事に取り組むと同時に他部の人たちと協力し合い、全体としての迫力を造り出している。

福地茂雄・アサヒビール会長は、このホロニックカンパニーへ企業を導いておられるお一人だろう。福地会長はアサヒビールのコアを大切にし、顧客から教わることに耳を傾け、研究開発からの提案とうまく組み合わせて創造への刺激・継続を図っておられる。会社をさらに大きく育んでゆかれることだろうと、わたしは期待している。

四現主義経営

三井化学元会長の渡邉五郎氏は、こう表現されている。「創造の継続は未知なる戦いの、未知なる未来への発見であり、つねに新しい経営の問題解決へ全社員の無尽蔵の力を注ぎこんでゆくのは、企業の可能性を大きく拓く魅力ある行動力だ」と。そしてご自身は「四現主義」を柱とする経営を試みておられる。四現主義とは、現実を見、現場を知り、現場で考える、現地で判断する、この四つを大切にする行き方だ。そしてそこから、連係プレーを大切にするコラボレーション（協働）の会社、そんな当たり前の会社にすることをわたしの任務と心得ていると話してくださった。

渡邊さんを尊敬するのは、学ぶ姿勢をもちつづけ、いまも多くの勉強会に参加し、力の論理より知恵の論理に立ち、そのうえに共生の論理を軸に顧客との協調を考えぬく不断の精進である。ハート、ソフト、ハードの融合が経営力だというわたしの説に賛成してくださっている強い味方の一人である。

減点主義が会社をダメにする

耳を洗う経営

こうすれば会社がよくなるということに気がついているのに、言わない人が多いのではないか。いい地位についている人たちが、自分が責任をかぶるようなダイナミックな発言をしようとはしないのだが、わたしには言ってくれるということが珍しくないからだ。なぜそうなのか。会社には超減点主義がある。告発主義がある。足とりもある。だから言いたくても言えない状態なのだ。それは会社自身が老齢化し、血流がわるくなり、脈も結滞している症状だ。そのなかから抜け出すにはどうすればいいかと悩んでいる優秀な社員の話もよく耳にする。

わたしの結論をひとことで言えば、日本の企業がいま元気がないのは、プロジェクト不況だろう。つまり、明確なテーマを掲げて、ほとばしる情熱をもって引っ張ってゆくリーダーが少ないのではないか。また、自分にしか使えない新鮮率直な言葉で社員を奮い立たせる、感動的メッセージを発することができないのではないか。このことは会社とか市場が構造不況とかいうより先に改革すべき問題だろう。

テーマ不況、プロジェクト不況を乗り切るには、市場・顧客の夢をもっと聞きこんでいかなければならない。大事なのは、禅僧の良寛のいうように「耳を洗う」ことだ。自分の意見を少しでももって臨めば、真実を聞くことはできないだろう。そして市場・顧客の夢を聞いたら、それを実現してゆくゆたかなアンビションを樹て、志に日付を入れていこうという異端児リーダーあるいは突出リーダーが情熱に燃えて会社を一丸化してゆくことが必要だろう。

P&G型リーダー

昔、アメリカに留学していたとき、プロクター・アンド・ギャンブル（P&G）へ勉強に行った。お会いしたリーダーは、先に述べたことをきちっとやり遂げていた。テーマ、すなわち市場の夢を掲げた。われわれがこれを実現するのだという意志を告げ、それをわかるまで執念深く伝えた。リーダーは燃えていた。

一回しか言えないだろうとさえ思える、情熱的な心に残る言葉を発信した。もうひとつ、この夢の実現・達成するための巻きこみを、ゆたかな人脈を使いこなしていった。プロジェクトメンバーには、この人に会ってよかったと思う人間を集めた。すごい発言が会議の席上だけでなく飛び交った。リーダーに会ったら、会っただけの脅威と情熱を感じるような人間を集めなければプロジェクトは成功しない、ということをわたしは教えられた。

鮎釣り名人に学ぶ

優秀な企業人には挙動不審の一面がある。それは鮎釣りの名人にも似ている。名人は悠々と釣っているようにみえる。しかし実はキョロキョロしている。風の動き、他の釣人の動き、川の流れ、色合い、温度などを高感度に看ている。変化、初期微動を見逃さない。そして釣った鮎は大事に食べている。生命の尊厳を大事にしている。売ることはしない。たくさん釣ったかどうかは問題ではない。釣った鮎をどう処理しているかを聞いて、わたしは釣人を評価している。

仕事あるいは趣味も尊厳を蔵しているものだ。尊厳が在るからこそ人が従《つ》いてくる。会社のプロジェクトを、おれはこういう意味で尊い仕事だと考えている。だからグローバルに知恵を集めるのだ。わたしたちは弱い点、貧しい点、劣等感をもっている。それを丸出しにして学んでゆく。表面には頑張りは見えない。見えないところで血のにじむような努力をしている。それがプロフェッショナルである。

企業のトップは、わが社は脈が結滞していないか、血脈は滑らかか、と問うてほしい。意気のいい意見がはね返ってこないのは、超減点主義が瀰漫しているからではないかと反省してもらいたい。会社が新幹線を走らせることができないのは、なぜか。敢えて新幹線とはいわない。新線が走らないのはなぜか。新線を走らせるには、在来線を大事にしなければいけない。在来線はきめ細かく、新線はダイナミックに大胆に企画するという使い分けが大事だ。ここにいまの経営者に迫力が欠けている理由があると思う。

GEのジャック・ウェルチが企業の活性化に成功したのは、論理経営というより人間経営を重く見た点だ。ロジックで推し進めるより、感覚でいけると確信したら会社に熱い風起こしをしている。チェアマンでなくエアマンだとわたしは思っている。日産のカルロス・ゴーン社長のコミュニケーション力は抜群だ。メリハリがきき、前で何かいわれると痺れる。心と心が共振する。その存在感が経営者たるものの大事な要素なのだ。

アスクルの成長の源は何か

わたしのゼミの卒業生に、ライオン株式会社からプラス株式会社に移り、株式会社アスクルを創業した岩田彰一郎さんがいる。岩田さんはITとHT（ヒューマンタッチ）をよく心得ている人で、あれよあれよという間にアスクルは伸びていった。

岩田さんのやり方を見守ってくれた先輩もいたろうが、難題もまたたくさんあっただろう。それらと格闘することを通じて、彼はひと皮も二皮もむけて、捨身で仕事に取り組み、くらいついて、投げ出さない大切さを身につけていったと思う。

プロジェクトを立ち上げ成功に導くには、知恵と情熱と意志がなければならない。市場の夢の実現に向けて、共に育てる〝共育〟を大切にし、自分自身にへこたれない心をぶっつけて自らを鍛えてゆくことの重要さを、岩田さんは示してくれている。

商いの原点は良縁の豊饒にあること

知力経営世代の課題

先般、日本の主要企業五十社の経営者が集まって、「これからの時代はどうなるか、取り組むべき経営課題は何か」について議論が行われた。知力経営の時代がくる。だから業種・規模を問わず知識・知恵を知力にし競争力のコア（核）にしてゆかねばならない。

そのためには創造的活力を経営資源化してゆくマネジメントが要求される。ＩＴの活用は当然のこと、これまでの風土、組織、人事制度、ビジネスプロセスの変革が必要だということをめぐって議論が交わされた。その要点を紹介したい。

活気のある「風土づくり」には、社長自らが火をつけなければならない。その点火の優先順位を決めるための材料を集めて、最高幹部会議に提案するのが経営企画部の仕事であり、議論を白熱させる材料を出せない人間は最高幹部会議議長の資格がない。

また新しい風土づくりには〝ツキのある人間〟に仕事をさせることが大事であり、出る杭を上手に育てていかなければならない。

ついている人間がやりやすい組織でなければならず、ついている人がつかなくなれば交替させることも必要になる。それにプラス束ねる力、組織を一枚岩にする得意業をもっている人の起用を考えたい。

次に「人事制度」では従来のイコール（均一）評価を改め、少なくとも主任クラス以上はフェアな人事評価を行わなければならない。

「ビジネスプロセス」の改革には、①心の生産性は無限に上がるという信念、②顧客へのサービスが先で利益はあと、③開発には何があってもへこたれぬ精神力とどこへでも飛んでゆく行動力をもった哲人の存在が必要である。

そして「組織」の各部署には核になる人財がいなければならない。よく各部署にはこの人間でなければと思われて長くポストに就いている人がいるが、代えてみると新しい方向への広がりが始まったり、仕事場にあった潜在力が起きあがったりするものだ。

これらはいまの企業の共通課題として、社内で論議されても面白いと思う。

ルーズベルト大統領夫人の教え

わたしは人生の長さに関係なく、この広い宇宙のなか、地球のなか、日本のなかで人と人とが出会うというのはたいへんなことだと思っている。

それは一言でいえば、ご縁かもしれないが、その出会いを大事にすることが、人間の生き方のなかでももっとも大切なのではないか。

人間関係の重たさ、知り合うことの貴さに対する気配りが稀薄になってしまっているのではあるまいか。

人間関係の重たさを想うときにいつも浮かぶのが、エリノア・ルーズベルト（ルーズベルト大統領夫人）の言葉である。わたしがアメリカに留学中、手にした『リーダーズ・ダイジェスト』誌で見つけたものだ。

「お金を失ったら多くのものを失う。友を失ったらもっと多くのものを失う。信用を失ったらすべてを失う」（He who loses money, loses much; He who loses a friend, loses much more; He who loses faith, loses all.）。

わたしはこの言葉に加えて「He who loses you, loses all.　わたしはあなたを失ったらなにもなくなる」と言いたい。そしてそのためには、ルーズベルト夫人の言う「To handle yourself, use your head; To handle others, use your heart. 自分を動かすには自分の脳細胞を使え。人を動かすにはあなたの心でなければ動かない」という教えを守ることだ。そうしてこそ相手に感動を与えることができるのだ。

前進、前進、前進

ワコール社長・塚本能交さんの父上、創業者の塚本幸一さんは人間関係を非常に大事にする方だった。

「商売とはどういうものでしょうか」と尋ねると、「お付き合いが商売の原点ですわ」とお答えになり、「わたしは出会いを大事にしています」ということを何回もおっしゃっていた。

そして「お客様のモノサシで、モノを観ることが商売だと思うてます」と教えてくださった。

塚本流経営は前進、前進、また前進。トライ、トライ、トライの連続だった。だからお会いすると、いつでもエキサイトした。テンションが高く議論は中途半端に終わらず、必ず沸騰点に達した。そんな場づくりが巧みで、付き合い上手な方だなあと感服していた。

わたしの教え子の結婚式で、塚本さんにお会いした。「ずいぶん長くお目にかかってきましたねえ。でもまだまだ勉強がしたい。来週京都でご一緒できるのが楽しみです」と言われた。その約束の夕食が塚本さんとの最後の席になってしまった。

そのとき、「いま思うと商売は創造（クリエーション）の連続、継続なんですなあ。それが絶えるとき企業の命も絶えるのかもしれない」という意味のことをおっしゃった。それが塚本さんの頭から離れないマーケティング・エキスではないかと思われた。

先人の教えは重くて貴い。わたしたちはときどき先達から教わったことは何だろう、そして自分が感じたことは何だろうと思い返すことは、このメガコンペティション（大競争）の時代の道しるべを与えてくれるきっかけとなるのではなかろうかと考えている。

コア・ノウハウで「ちがい」をみせる

ビジョンをスローガンに変える

経営者ならだれでも、実のある生活をしたいと思うだろう。実業家とはそういう意味だ。いま求められているのは改革ではなく、改革レベルでの前進である。

一部分の変更では対応しきれない、厳しい環境の変化、価値基準そのものを入れ換える必要がある。過去の常識はこれからの非常識になる。新しい常識づくりがイノベーションなのだと言ってよいだろう。

わたしはビジョン経営が好きだ。そのビジョンをスローガンに変えてゆくと、もっとわかりやすい。スローガンは魅力あふれる工夫をするとよい。そして社員が、スローガンに従った行動を起こすことによって、会社が変わる様子を具体的に提示してゆくことが必要なのではないか。社会に、いまそんなリーダーが何人かいて、小集団活動を通じて現場を巻き込んで、トップをも巻き込んで行動を始めることがなければなるまいと思う。

現代のキーワードは動機づけ（モチベーション）、スローガン、そして新しい常識への挑戦、本格的に腰を据えた経営をめざしてマグマのようなエネルギーを含んだマネジメント力の発揮だ。ただし忘れてはならないのは、社会にとっての利益が、いずれ会社の大きな利益になるのだという考え方を大事にすることだ。

企業はお客さまにサービスする、喜んでいただくことを全面に押し出すことが必要だ。利益を経営のまんなかに置いたり全面に出したりする行動をとると、ビジネスは汚くなり、後悔する結果を生む。小さな感謝をいただく、それが小さな利益をいただくことになり大きな利益機会につながってゆくのだ。自分の利益を先行せずにお客さまにとっての利益を先行させる。そのあとで、お陰さまで感謝として利益をいただく。これが適正利潤であろう。そういう経営感覚が必要になっている。

考動の七つのベクトル

どんなに厳しい事業環境のなかにあっても、志が高く堅く、広い視野と深い思索、濃密な人間関係を大切にしている企業には生命力の息吹を感じる。経営のまんなかに人間の心を置いて、顧客の声をしっかり聞いて、偽りのない経営を実践し、自社のもつコア・ノウハウで真剣に取り組んでいる企業には、信頼を絆とした顧客が必ずついてきているものだ。

そこで緊急に求められている企業課題は、そんな背景の下に全企業人が団結し、政策を共有し、考動のベクトルを一致させてゆくところにあるだろう。その主なものを七つばかり指摘しておきたい。

①会社の保有するコア・ノウハウを研磨し、ドミナントな差別的な価値を創造する。
②専門的ノウハウをベースにして的確な提案、対話力を強化して実践する。
③顧客の欲するものを探りあてるために、深い、広い心理的な調査を継続的に展開してゆく。
④社内外の知恵と活力を結集すべく、プロジェクトづくりを行い、ワークショップづくりを併せて進め、かつ活発に考え方・理想を行動に移す。
⑤トップマネジメント自身が、難しい課題、懸案の作業に捨て身で取り組み、エネルギーを投入する。
⑥全員が使命感に燃えて、「自分がやらなくてだれがやる」の気概でそれぞれの仕事に全力集中する。

⑦　全員が励まし合い、正気と機知を認め合う空気をつくりあげ、顧客を熱狂させセンセーションを巻き起こす。驚くほど華麗な、強い響きを顧客に与える。

以上のようなことを体して、企業人が日々実践してゆくところに大きな成果が生まれると思っている。

未完成だからおもしろい

わたしは今日まで諸先生方、企業のトップマネジメント、先輩、友人、後輩と、実に多くの方々と巡り会い、その触れ合いを通じて挑戦することの大切さ、オリジナリティの大切さ、社会的貢献や責任を果たしてゆくことの大切さ、人を想いやる気持ちの大切さなどたくさん学ばせていただいた。

慶應義塾の最高顧問でいらした小泉信三先生は、「学者というものは、あるいは実業家も同じだろうが、未完成の気持ちを常にもつことが大切ではないか。未完成だから未来があり、勇気をもち、想像力を働かせてゆくことができるのではないか」とおっしゃった。そしてわたしがハーバード・ビジネススクールに留学していたとき、しばしばお便りをいただいたが、そのたびに「日本ではこんなことが問題になっているが、私はこう考える」という大きなものの見方を教えてくださった。

わたしはその手紙を寮の壁にとめて日々眺めては、心の励みとしていた。そのなかで、何か思想を伝えるときには、すてきな「衣裳」で伝えることを心掛けよ、つまり言葉は大切な文化であるということを教えていただいた気がしている。

ベルギーのルーバン大学の客員教授を務めさせていただいたときには同僚の教授から、「われわれは観察し、考える。さらにまた考える。書物を読んだり、話を聞いたり、見たりしたら、その三十倍、五十倍は考える。それがアカデミズムには大切だと思う」と伺った。考え抜くことがルーバン大学の伝統だった。

日本は難しい時代を迎えているが、日本の未来、人間のあり方について打算や計算をぬいて善意、好意、情熱をもって考え、行動することが世の中を変えると確信している。

第三章

破壊力と想像力

破壊するから面白い

非連続な時代の決断

これからは非連続の時代だと、全世界の学者や経営者が言っている。

「非連続な経営の時代」という言葉を最初につかったのは、ハーバード大学のマイケル・ポーター教授であるが、いろんな人がつかっており、ピーター・ドラッカー教授も「非連続のなかでの決断」という言葉を用いている。いまや非連続は当たり前だが、大事なのは昨日までを捨て去って、新しい生き方をデザインする力である。組み立てる力、創造力が重要なのだ。破壊力が強ければ強いほど創造力は強くなる。イノベーティブな破壊力の強さが、次の組み立てる力を強くする。

このことを実践されたすぐれた経営者の一人が花王の丸田芳郎元社長だ。丸田さんのご自宅とわたしの家が近かったご縁もあって、よくお付きあいをした。創造的な探求心を強烈にもっている方だった。

ある日、丸田さんに「わたしは温泉が好きだ。だから入浴剤にひじょうに興味がある。お宅から入浴剤を出してくれませんか。そうしたら力のあるいろんな会社が激しく競争しあうから、いいものが出るにちがいない。市場が再活性化する」と申し上げた。何年かして発売されたのが「バブ」だった。

先般、花王のヘルスケア第一研究所所長・安川拓次氏にお目にかかったら「丸田さんは食品を出したいという執念をもっていた。そして創りあげたのが食料油。十五、六年かけて研究開発を行った結果です」と言われた。コレステロールを気にしないで摂れる「エコナ」である。今度、さらに新しい健康志向のマヨネーズ、緑茶を出した。これが新しいものを組み立てる力だ。未来を創造するために七十人の研究者を集め、会社の執念で立ち上げ成果を出したのである。

未来が見えない非連続の時代、自社が生きる途を何にするかを問われている。イノベーティブに破壊し組み立てる力、創造する力を会社のなかで求め、外で求めてほしい。その役割を認識し先頭を切って行動するのがリーダーなのだ。経営者の方々に創造的探求テーマをつくりだせ、と申しあげたい。

エリアを深く耕せ

わたしたち学者が、企業が取り組まなければならない問題のひとつと考えているのがエリアマーケティングである。日本のマーケットはホモジーニアス（同質的）でなくヘテロジーニアス（異質的）である。したがって拠点戦略では成果は期待できない。大阪とか広島とか新潟といった拠点を中心にして、関西圏、中国圏、北陸圏のマーケティング戦略を展開するやり方では通用しない。エリアをもうひとつ下げてサブ拠点戦略を行わなければいけない。

これを見事に行ったのが味の素の先代の鈴木三郎助さんだった。エリアマーケティングの徹底が味の素を大きく伸ばしたのである。サブ拠点戦略は消費財、産業財を問わず重要であり、的確なマーケティングマップをつくることが大事だ。マーケティングマップはＭＡＰと書いて地図のＭＡＰと同じだが、実はマーケット（Ｍ）、アクション（Ａ）、プリファレンス（Ｐ）を含み、このマーケットで選り好みをしてもらうためにはどういうアクションをとればいいかを地図の上に乗っけるという意味で、マーケティングマップといっている。

営業拠点を強化してシェアを上げるためには、サブ拠点戦略が必要であり、この徹底した展開でベネッセコーポレーションは各地域に根差した、愛される成長を遂げることができたのである。

マーケットは県別、地域別に異なり地形もちがう。企業の営業戦略はここまで下りなければいけないのだ。

日本のマーケティングは体力を評価する目盛が足りない。マーケティング体力とは、第一に差別化された品質、差別化された優位性をもっていることだ。DA (Differential advantage) と英語ではいう。二つめに、できれば先発である。イノベーターであることだ。三つめは、サポーターが強力である。チャネルの担当者、商社が協力的である。濃密な取引関係を維持できるということであり、それだけのコミュニケーションができているということだ。四つめは、ケアが科学的、かつ情緒的である。人間関係のケアもゆきとどいている。最後に、未来を期待できることだ。わが社にマーケティング体力があるか、率直に自社に向き合ってほしいと思う。

志の旅に出る

われわれは高い志とか気高いビジョンということばをよくつかう。父は国文学者で母は産婦人科医だった。福沢諭吉が大好きで、福沢先生のことばで一番好きなのは「自尊」だと語っていた。自分を磨くのだ、自分が尊いのだと話してくれた。それでわたしは慶應義塾に進んだ。

二人の先生に出会った。一人は小泉信三先生で、もう一人は経済史の高村象平先生だった。高村先生は志というものを具体的に教えてくださったと思う。「わかりやすくいえば学問は生き方の目標さがしだ」。このことばが心に焼きついた。あるとき、小泉先生の自宅に伺ったら、「学問とは長い旅でね、君はまだ旅に出ていない」とおっしゃった。このことばはこたえた。旅に出るとおもしろいぞということは、大学院へ行けという啓示だった。そしてわたしが旅に入ったのが学者の道だったといえるかもしれない。

経営者の方に言いたいのは、「何をしたいのか、何があなたの経営者としての生き方の目標なのか、それは自社に当てはめるとどういう応用問題なのか、分析力になるのか」をお考えいただきたいということである。志をいま、時代は求めている。

個性的な輝きを～ブランドバリアーを～

人物力経営

　どんな会社にも専門がある。ノウハウがある。テクノロジーもある。そこから企業の特徴化をもたらし、高品質化、信用度の開発、さらには高付加価値化、高度技術の導入と高度機能化といった観点から徹底した再活性化を図ることが可能になる場合がある。成熟期を延ばし衰退期に入ることをできる限り抑えることによって、企業の安定的な水準を保つことも大事な差別的優位性の勝利だ。そしてロングライフできた自社の製品をつねに再活性化するために、抜本的な手を打つことを計画的、組織力的に推進する習慣をつくる、これも大事ではないか。

　トップのリーダーシップとしてはいろいろあるが、企業全体を引っ張っていくには洞察力が何より必要であり、それは人物力を磨きつづける人に生まれてくるものではないだろうか。そしてつぎに必要なのは、使命感をもつことだろう。わが社は何を社会に対して訴えなければならないかを認識し、企業内に動態的な葛藤のテンションを高めて創造的解決を誘導するような空気をつくりだすことがポイントではないだろうか。

シャープは、社会の動きに対して能力発揮の機会を積極的に見出している企業だ、とわたしは思う。おそらくトップのリーダーシップとミドル以下の活発な問題提起が連動して、その成果を世に問うているのだろう。そうしなければ企業の前向きな行動は生まれはしないのだ。

こう考えてくると、会社のなかでもっとも排除しなければならないのは、もたれ合い、かばい合い、互助組合のようななれ合いの思想ではなかろうか。

いま企業は緊張感のある競争原理に基づく考え方でのぞむことが、ますます重要になってきている。社会や会社をとりまく環境、会社そして個人の新たな関係をよく理解し、否応なくうち寄せてくるきびしい現実をしっかり受けとめて、意気地のない逃げの行動ではなく、敏速に、できない場合は何度でも繰り返し挑戦するリピーテッドリー（repeatedly）なかたちを社内に定着させるよう、基本的に改善していくことが大事なのだ。

会社にはたくさんの知恵がある。知恵を結集して生かすことが、人間味あふれる仕事の夢、暮らしの夢、会社の方向づけを可能にし、個の確立、たくましくしなやかな未来づくりへ導く。感覚から入り理論で固める組織間の知恵の交流をさせる自由な企業風土、知恵の出し惜しみをしない努力こそが、企業の近視眼的なものの見方、いやしさ、ずるさを追放し、人間感動の社会、会社を創っていくのではないだろうか。

競争優位の知恵

競争優位の仕事をしていくには、差別化の競争を社会的な価値の仕組みのなかに組み込める力をもつこと、そして関係性の構築によって感動を与えていき、つねにこの感動の仕組みを革新していく努力をつづけることにかかっている、とわたしは思っている。そのためには、ゆさぶりが必要だ。コア・コンピタンスを磨くことだ。この仕事と決めたときに思い入れを深くすることだ。全員が納得して共感して働くことだ。そして誇りをもつことを忘れてはなるまい。

こうした考え方で伸びてきた企業が、これまでの江崎グリコであり、明治製菓であろう。明治製菓の北里一郎会長は「おいしさだけでなく健康のよさ、さわやかさといったものを付加価値として商品に加えていく力がいま求められている」とおっしゃっている。そして「感性、論理、真面目、貢献、魅力、こんなキーワードが売れる商品にはあるのではないだろうか」と言われる。なるほどと思われる点が多い。

そうしたものをわれわれは、マーケティングがもつノウハウといえるのではないか。そして本物とは、品質が高く、オリジナリティがあって、生命力ゆたかなものをいい、それが差別化されたときにブランド・バリューとなるのだということを、われわれは分かっていなければならないし、いつでも、どこでも、お客さまを主人公としネバーフッド・カンパニー（ご近所会社）であることが、これからの基本姿勢になるのではなかろうか。

五つの緊急提言

二〇〇四年に入ったが、今日の緊急提言として五つのことを申しあげておきたい。

① 輝ける企業を創るには社内規約を明るくつくることが必要だ。そして協力の規約、さらにわが社のメリット、コア・コンピタンスをもう一度見直すことが必要だ。

② 毎日快晴。快適な人間関係をつくりあげる。今日。明日ではない、昨日でもない、今日を大事にする――このことを意識のなかにおくべきだ。

③ 現実の認識。現場で考えること。現状に即して行動する。この「三現主義」を忘れるなか

れ。

④組織内のポリティクスが横行しないように。管理執着人間が現れないように。不要な管理ポストが増えないように。ことにリアクティブルに当たったほうが得をする仕組みができるようにすること。

⑤起業家精神。創造的破壊。リスクテイキングをする。自己主張と主体的行動をする。感性を磨いて、つねに自由な砂場遊びの空気をもちこむこと。企業の総力に点火する気持ちを強くもちつづけること。どの部門も新しい夢に挑戦すること。人生に夢があるのではなく、夢が人生をつくることを忘れるな。そのために、横並びでなくオリジナリティを開発する力をもち、中央の論理、文明の論理だけでなく、独自の論理をもち、一人ひとりの考え方ににじり寄っていく。そうした提案力が、いま求められている。

成長企業にはすぐれた創造と継承がある

顧客が感動する価値づくり

グローバルに観て、いま成長している企業は業態・業種を問わず特化された強み、差別化された魅力、高品質だけでなくストーリー性のある何かを感じさせるものをもっている。そんな成長企業のコア（核）になっているのは何かといえば、わたしにはしっとりとした〝うるおい〟のようなものが映る。

それはある意味では文化かもしれない。文化というのは生産性や合理性からかけ離れたもので、ある特定の集団にしか通用しないものかもしれない。しかし、そこには個客に迫るもの、あるいは個客が感動する価値を創造しているものがある、とわたしは思う。

たとえば、わたしがしばしばお目にかかる東京・代官山、小川軒のムッシュー小川の料理には、長年の歴史から創り出されてきたふくよかなハートがこもっている。ハートとは表情や人間的魅力、あるいは人間関係をつくるベースとなる人格、品格、品質といったものが渾然一体となったもの、言葉を換えれば人間力にあたるものであろう。そしてそのハートが小川さんの皮膚感覚を研ぎ澄まし、温かさをつくりあげているように思う。そのうえ、ソフトといわれる情報力、発想力、構成力を備えておられる。

「００７」シリーズで知られる作家のイアン・フレミングが、『スリリング・シティズ（Thrilling Cities）』という作品のなかで小川軒のことを書いている。「食べごろのステーキの感覚、それをつかみ出した皮膚感覚はすごいものだ。ステーキの中に指を触れて感覚を味わうのだ。これが小川軒の味づくりの基本ではないか」と。これこそソフトというものとわたしは思う。

そのうえにアートが加えられている。デザイン、ネーミング、芳ばしい香り、そして創造力あるいはカラー（色彩）がコンセプトを表徴する美的感覚ではないだろうか。

食事をしながら、ムッシュー小川からそんなことまでわたしは学ぶのだが、これが世界に共通する成長企業への条件のような気持ちがしてならないのだ。まとめていえば、ハートがあって、アートがあって、ソフトがあって、ハードで締めくくるということだろう。

この四つの要素がシンクロナイズされたところに、「飽きられない」魅力づくりへの継続性が生まれてきて、ゴーイング・コンサーンである企業の特徴が常に新鮮に継承されてゆくのだと思う。

在来線を大切に新幹線づくり

ホテルオークラ平安の間で、文具のヤマト株式会社の創業百周年、そして社長交代のパーティーがあった。わたしたちが小学生のころから愛用してきたヤマト糊の新社長・長谷川豊さんは、前社長の長谷川澄雄会長を引き継いで、伝統ある企業の社長に就任された。千数百人にもなろうかと思われる大勢の方々が出席されていた。

長谷川新社長の挨拶をうかがっていて、頼もしい社長が生まれたなあという期待をわたしはもった。大学時代に経営、マーケティング、ファイナンスを学び、卒業後、グローバルな金融について勉強した謙虚な方だ。大木のような会長の優しさ、温かさのもと、母上、弟さん、妹さんも医者という、いわば感性と科学の共存する家庭で育たれた、そんなすてきなＤＮＡをわたしは実感したのだ。

わたしが感銘したのは、「これまで会長がやってこられた路線、あるいは先々代がやってこられた路線はすぐれた幹になった。これを在来線として肯定的なループの中に入れ、否定せず、未来への計り知れない発展への道づくりを目指してゆく」と力強くおっしゃったことだ。次世代の経営者の範たる方だと、わたしはうれしくなった。

人間のなかには心の大きく深い大木のような人物がいる。こういう人が実業家として望ましい。澄雄会長は哲学をもち、打ちこむタイプであり、いつくしみの心と温かい人間性をもち、めぐりあいに手を合わせて感謝する人だ。お母様の敏子先生は優しく、心くばりが細やかで勉強家だ。学ぶことを怠らない。つねに山に登ろうとする方だとわたしは思っている。新社長はこの先代が築いてきた在来線の上に、いつの日かヤマト新幹線を敷くだろう。長い伝統は確固たる研究に支えられて、新しい道に踏み出していくだろう。

経営というものは、そういう在来線を大切にする後継者、そして新しい文化型企業のベースを創る技術力、経営理念に徹した風土のなかで、息長くお客さまに愛され成長してゆこうという気持ちを大切にするところから生まれてゆくものだ。ヤマトは伝統的な産業を、文明と文化を大切にしながらこれからも伸びていく企業のひとつであると思う。

いま日本企業の課題として、低生産性の向上がある。エレクトロニクスや自動車などの生産性は世界的に最高の水準にあるが、それらはグローバルな市場で競争しているからだ。その一方、広い意味で伝統的産業は生産の向上が遅れがちになりやすい。

新技術の開発も必要だが、開発されている技術の組み合わせや徹底した活用、ベストプラクティスで積極的に生産性の向上、コア・コンピタンス（中核的競争力）の強化を図ってゆかねばなるまい。

そう考えるとき、ヤマトの長谷川新社長は恵まれた環境をお持ちになっており、世紀の変わり目での会長からのバトンタッチは、いかにも時宜を得たものとわたしは思っている。

プロは明日を創るし、未来に夢を

〝つなぐ〟事業が芽吹く

二十一世紀は夢とビジョン・デザインを大きく持ちながら、情報の異質性を処理し、企業の専門性、コア・コンピタンス（中核的競争能力）となるノウハウ・技術を具体的に市場と円滑につなぐことをミッションとする、ビジネスプロデューサーの時代だろう。

異質な情報のギャザリング（収集・編集）を的確に行い、まとめあげるには、ＩＴ（情報テクノロジー）管理が重要で、その効率性により情報・技術・市場・マネジメントをしっかり〝つなぐ〟事業が発芽していくだろう。そのために堅実なパラダイムを組んで、フレームワークのあるシステムデザインをナレッジマネジメントとして行動することが求められているのだ。

マーケティング行動においても、関連性を軸としたリレーションシップ・マーケティングにより、企業と顧客との双方向的な強調関係を構築することだ。双方のプラスをつくり出すことによって、顧客期待と信頼が形成されてゆくことになる。企業と市場との関係、地域との関係、環境との関係も、すべてきめ細かくワン・トゥ・ワン・マーケティングによって関係性を深め、パートナーシップを組みあげて、商品やサービスごとに個々の顧客に満足と感動を与えていく専門性を軸にしたコンテンツを提供しつづける仕組みが必要だと思う。

文明と文化のプロデューサー

サントリー会長だった故佐治敬三さんはわたしが尊敬する実業家だった。生活のゆたかさ、ビジネスの楽しさ、夢、驚きを求めて人が集まってくるところ、必ず佐治さんはおられた。技術文明の生産物が街にあふれ、ものが普及し、より感動や喜びを与えてくれるものを待望する社会の気運が見えてきたとき、つねに未来への明るさ、華やかさ、さわやかさ、心地よいアップグレードな生活、モノだけでなくコトという認識をも与えてくれた人が佐治さんだった。

佐治さんのコトの発想には、明るく楽しい出来事や企画があり、文化・人情の集う祭りのような場づくりこそ経営に肝要ではないかという思想を実践し、技術文明を超えた文化性をもつ社会づくりへの関心を広め深めてくれた。日本人の生活の充実とともに、夢や楽しさ、さらにすてきな驚きを創り出してゆくマグマが佐治さんにはあった。人々の美しい花と光、祭りといった生活の華づくりへの関心の強さ、活発な活動は、充実・信頼というエレメントを併せてわたしたちの心をつかみ、日本の風土のなかに洋酒文化を根づかせ浸透させた。戦後の復興期から今日まで、人生の熱い共感と心の酔いを贈ってくれた。

わたしは佐治さんと、いろいろな雑誌あるいは他の企画で対談をさせていただいた。そのメモがかなり手元に残っている。「明るい夢が事業を育てる」という言葉は、そのひとつ。「できなければ、それができるようになってゆくことが醍醐味だ」という教えもある。「日本の未来は明るいんだ・明るいんだ」とおっしゃって、知恵の大事さを伝えてくださったメモもある。

いま想うと、わたしの心に刻まれたキーワードは、文明と文化ではなかっただろうか。「文明だけが支配してはいけない。ゆとりと人間性は、文化の情報発信がなければならない」「文明はもののゆたかな暮らしを保証するが、文化はゆたかな心をつくりあげるのだ」という言葉がある。叡智のある経営者だなという尊敬の念を、お会いするたびにわたしは深めたものだった。

キーワードのなかに、夢、ハート、イマジネーションという言葉がたくさん出てくる。「真正面から取り組むのが夢」「ハートが病んではいけない」「夢を実現するにはイマジネーションが必要だ。それには無邪気に天衣無縫に、放牧された馬や牛のように行動半径を広げて、心を開いてものを観ることだ」とも教えてくださった。

挑戦課題はソリューション

わたしがハーバード・ビジネススクールの留学を終えて帰国したとき、「ハーバードはどんなところか」と佐治さんに問われた。「ハーバードは経営の姿や分析法を教わるのだろうと思っていたらそうではなくて、実業にたずさわる者は、つねにオープンマインド（心を開き）、テンダーマインド（やさしく）、カインデッド（親切）で、タフマインド（自分自身にたいしてタフ）が大事だということを教わりました」。

そう申しあげたら佐治さんは膝をたたいて喜んでくださった。「ああ、それ、おもろい。ハーバードでそうおっしゃっとりましたか。それで学ばれたマーケティングとは、どんなもんでっか」とすぐ次の質問がとんできた。「マーケティングとは、人間のしあわせの総和を大きくすることに貢献することだと教わりました」とお答えしたら、またとても感動されたふうだった。若い学者をはげましてやろうというお気持ちがあったのだろうが、心から喜んでくださったお姿がわたしには忘れられない。

佐治さんは核心をつかまれる方だった。「会社が悪うなるのは組織疲労や人間疲労にもとづくんや。だから組織改革や勉強や遊びが大事なんや。構想力がすばらしい可能性を生むことを信じて動くことや。それで一番大切なんは何かいうたら、生活者・市場のもっている問題を解決することや」。いまでいうソリューションの大切なことを早くから言っておられた。

よく使っておられた言葉は「サントリー、ウイ・ラブ・ヒューマン、ウイ・ラブ・ピープル、ウイ・ラブ・リレーションシップ」。二十一世紀の経営者の心がここにあると思う。

躍進の方程式はある

実質主義と基本価値の融合

顧客は「価値」を求めている。生活を充実させたいと強く思っている。そのニーズ、シーズを掘り出して、魅力的なデザインで責任保証のブランドを社会に発言する企業が伸びているという目で市場を観てみた。たしかにそうだった。

株式会社コーセーは、小林禮次郎会長の牽引力で顧客との関係性を強めていった手本のような会社である。口紅がそのテコになった。社長時代から「報告、連絡、相談」を実に大切にされる方だ。そしてそのなかから商品に美しさ、やすらぎ、サイエンス、もっと強いアートをと志向された。重要なオリジナリティのある香料について、また宣伝や企業文化はみずからが選択して決定された。だからすばらしい商品が創り出されたにちがいない。

小林会長の社長時代にインタビューしたことがある。「企業が生きていく背景には、市場から教えてもらうことと、自分たちが発見して市場に提案をしてゆくことの二つがあります。わたしたちはそれをマーケット主導と言って、つねに両方を活かしながら改革を進めているんです」と教えてくださった。実質主義と基本価値、高い好品質を重視する思想だ。これこそオーセンティック（本物の）マーケティングといえるだろう。関係性、ブランド、価値、生活、デザイン、ホウレンソウ（報告、連絡、相談）、アート、すべて企業成長に欠かせぬキーワードだと思う。

インナー・マーケティングで詰める

しっかり成長している会社の姿には、きわめてポジティブなベンチマーキングの極印があると思う。世界の成長企業、成功企業のもっとも重要な課題は、すべての企業から学べという行動だ。これがベンチマーキングで、ＧＥのＪ・ウェルチ前会長が言う「国、業種、業態、企業の大小を問わず、優秀企業のベストプラクティスはすべて学習し修得していこう」という行動である。企業がこれから成長、成功を期すには、謙虚に他から学ぶ姿勢、日々改善してゆくという枠組を構築することが必要なのだ。

このことを強く推し進めている企業にカルビーがある。松尾雅彦社長は、この改革行動を「インナー・マーケティングです」とおっしゃった。次のようなお考えだ。

「一貫性のある仕事をするには、社内が心をひとつにして燃えるような学習意欲をもち、こまめに動くことが必要だと思っています。従来型の惰性的学習でなく、最優秀企業の模倣から自らの個性、存在を際立たせる学習に力を入れています。ベンチマーキングで、科学的・分析的にフレームワークを明確に把握して、コンセプトをしっかり整えていこうということです。これによって、売りの実現の仕組みを組み立てて、営業計画の点検、商品研究の点検をやり、商談活動をすすめ、受注目標と実績を分析する新しい戦略のアクション・プランを根付かせたいのです。人材強化をしつつ、このインナー・マーケティングを進めたい。そしてみずみずしい提案力のあるカルビーになりたいと思っています」

他社に先がけて新技術を経営に取りこみ、市場からの宿題をテーマにして研究開発から営業活動まで「善循環」の質を高めるという松尾社長の自己革新の作業こそ、二十一世紀に向けてのスピーディな企業改革のステップだ、とわたしは思っている。

イノベーションを突破口に

夢を形にしていこうという経営者にサントリーの佐治信忠社長がいる。佐治社長を観ていて感心することは、いつも商品への関心、市場、顧客への関心を日々の行動で示しておられることだ。サントリーという会社が蔵するDNAは、お父様の故佐治敬三会長がおもちになっていた緊張感をゆるめて、リラックスしながら、絶えず悠々と新しい発想に目を向けてゆくことなのだ、とわたしは思っている。信忠さんはそれの体現者として、大きな期待をもたれている。夢もちで勉強好き、働き好きな方だから、大役をこなしていかれるにちがいない。

副社長だった信忠さんから、「スーパーホップス」という商品の話をうかがったことがある。「サントリーに先達のきっかけづくりをする改革アクションになると思います」とおっしゃった。どんなものだろうと興味をもった。それがあの発泡酒の先発商品だった。発表後の勢いと消費者選好の流れを観て、何か計りしれない分析力、あるいは動物的嗅覚、勘をおもちの方だという気がした。この新商品のパワーは、大企業病の初期徴候である社内にたゆたう気だるさの空気に突破口をつくって、業績を大きく前進させていった。失速しない会社、惰性に陥らない会社、気持ちを情熱的に発信する企業の体質を再現していった。しかも業界自体が活性化した。

当時、佐治敬三会長に「売りへの情熱が信忠副社長によって示されましたね」と申しあげると、目を細めて、二十一世紀へのスピーディな、確信をもった副社長の行動に賛同の意を表しておられるように、わたしには思えた。これから先、企業行動はまさにこうした技術力、専門性をどのように発揮して存在感を明確にしてゆくかという点におかれるにちがいない。

世間から二世経営者はとかくいわれる時代である。わたしが二世経営者を擁護し、サポートするのは、かれらに、わたしには思いつかない発想の切り口、あるいはご家系からいただいたDNAが生動して思いもよらない着眼点が発揮される、アンビリーバブル（信じられない）な勢いを引き出す、気持ちをひとつにまとめる徳というものを備えている人が少なくないからだ。それはコーポレート・ガバナンス（企業統治力）というか、あるいはビジョナリー・マネジメントというべきかはわからないが、佐治信忠社長にそうした魅力をわたしは感じている。

ミスター破壊力はチャーミング

経営力を解剖しよう

新年をすてきな旅の年として旅立つためには、これまでの企業行動の在り方をぜひ棚卸し解剖してみる必要があるだろう。

一体、われわれの知的興奮は十分であったか、行動へのエネルギーは燃えていたか。自分価値の提案をし、それで勝負していただろうか。

周りだけを見ていて、絶対価値を大事にしてはいなかったのではないか。会社のなかにある言語化されてしまった明知的な形式知と、言語化されない、どこかに蓄積されてきた知恵（暗黙知）を大事にしてきただろうか。

頭で考えるだけで、イメージがわかなくなって、物づくりには展開できなかったのではないか。

自己革新をする喜び、つくる喜び、生み出す喜び、工夫する喜び、その他の喜びを忘れてしまってはいないか。

こうした解剖をしてみると、新しい熱い想いや志がわいてくるのではないだろうか。

人間的魅力が市場を引きつける

味の素の創業者・鈴木三郎助氏は、「人間は何でも熱だ。熱がなくては駄目だ。おれは熱をもって何物をも溶かすのだ」という言葉を遺された。その気概が、いま必要だと思う。

わたしはいまこそ上すべりではなく、ひたむきな自分のもつ力を大切にし、それをプロジェクト化する大切な時期ではないかと思っている。われわれはモデルのない途を歩まねばならない。われわれに迫り来る途は捨て去ること、破壊することが必要だ。

言葉を換えれば、それは選択と集中にほかなるまい。残すものは残す、こわすものはこわすのだ。そこにはビジョンや哲学がなければならない。足腰の強い経営に必要なのは、企業はつねに変化し未来を創るものだという考え方のもとに、惹きつける力をもちつづけることだろう。

それには顧客との関係づくりにひたむきで、向上心に燃えていなければならないし、エゴで動いたのでは市場はついてこないということを肝に銘じるべきだ。会社は使命感と展開力をもちながら、上すべりでない打たれ強さをもって提案していくことに、大きな喜びを享受しなければならない。

わたしはこれを五つのPでまとめている。フィロソフィー（philosophy）、ポリシー（policy）、パッション（passion）、ピープル（people）、パワー（power）だ。この五つのPを守ることによって、企業は体験価値を未来価値として応用することができ、反響板をもつ経営が可能となるだろう。

リーダーは市場の内外、さらには企業内に反響板をもつことが大事だ。そして〝人物〟的など迫力、つまり人間的魅力がなければならない。併せて経営能力として、執行能力がダントツに秀でていることが重要だ。執行能力に欠けているかぎり、どんなに戦略的発想も実行に移せない。利に走り、義を忘れ、エゴは変わらぬ状態では市場から見放されるだろう。

そのためには読書し、勉強し、背伸びする人とつき合い、自分をさらに鍛え、つねに新しい学びをはじめる意欲が必要である。その学ぶことへのパッション、展開することへのパッション、組み立てることのポリシーメーキングにたいする意欲、これが企業のパワーを創ることを知ってほしいと思っている。

そのキーワードのひとつが「破壊力」だ。昨日までの成功を破壊して新しい成功を創る、あるいはいままでの古い体質を破壊して、新しい仕組みを創る、という迫力を持った執行能力だ。

破壊力こそ執行能力

破壊力をもつリーダーは、組み立て力も強いものだ。そこには地道な勉強をつづけてきた忍耐と蓄積がある。そうでなければ真の破壊力は生まれてこないのだ。ひたむきなお客さまへの愛情があったら、いまの仕組みでいいかどうか、いや破壊して脱皮していこうという熱い気持ちがわいてくるはずだ。

その意味で、伊藤園のトップは、快挙をやってのけたと思う。それは熱いお茶のペットボトルの発売だ。いままでのペットボトルは温かくすることができないので、熱い「おーい、お茶」は缶入りだった。しかし熱い缶はもっと指にやけどするし、熱くて飲めないという弱点があった。それをペットボトルに変えた。ペットボトルは熱くできないという常識を破壊したのである。お客さまに愛情をそそぐなかから、それを感じていただくものを開発したのだ。

わたしは本庄八郎社長に申しあげた。「あなたは生活研究をしていらっしゃるから、この商品が生まれた。暮らしの研究をつづけているから生まれた。お客さまに愛を与えようというゆとりの心をもっていたから生まれたのだ。あなたは〝ミスター破壊力〟だ」と。〝ミスター破壊力〟というのは誉めことばである。脱皮力と組み立て力をもっている。その組み立て力が新しいペットボトルだ、とわたしは思う。わたしのことばに本庄社長は「亡き会長（本庄正則氏）がいちばん喜んでくれているでしょう」といって爽やかな笑顔を見せられた。

伊藤園は再び勢いよく伸びている。伊藤園の成功をわたしなりに整理してみると、つぎのようになろう。

①会社のキーテクノロジーを大きく位置づけ、より自信を持って戦力化した。

②全企業人への役割推進。パートナーシップの理解を基に企業内活性化を前進させた。

③全従業員の声の掛け合い、はげみのテーマをもち、ねぎらう心・態度を復活させる。声の掛け合いは「愛情発進」。

新しい常識の創造〜イノベーター〜

停滞を突き破る力

わが国の企業は業績回復感が高まりつつあるなかで、未曾有の不況からの脱出のむずかしさ、もどかしさを感じている。企業内では危機感、動機づけの弱まりを憂える声すら聞こえてくる。ここにおいてもっとも求められているのは、自らの組織のもつ技術、経営ノウハウの特性を発見し、会社員の心一致のもとに強靱な生命力を創り出してゆくことである。

そのためには、いままでのパラダイムの〝改善〟では非力である。旧来の考え方をアンラーニングして新しい常識を創造する〝改革〟こそ必要だ。

この道を踏んで活気あるマネジメントイノベーションを力強くすすめている企業を観ると、真・善・美をベースに据えて、経営速度を上げ、社会のニーズを捉えている。このような自己革新のなかにはまりこんでゆく企業が、価値創造と成長の軌道に自らを載せてゆくとわたしは観ている。

したがって昨年成長した企業が今年も好調とはいえないし、昨年あえいでいた企業が今年も苦しいということには必ずしもならない。価値観の多様化、多彩化がすすんでいるいま、市場のニーズを企業が満たしてゆくには、企業がどのような理解を示してゆくかが鍵になる。

そして、とりわけクリエーティブ・アンド・ビューティフル、あるいはベター・アンド・ディファレントの考え方をマーケティングの中心に据えて展開を図っている企業には、プラスの反応が顕著にあらわれるだろう。

工夫の刺激剤

このことの重要性を述べておられるのが、キッコーマンの茂木友三郎社長だ。

「われわれは質のよい商品をいかに差別的優位をもって創りあげうるか。そういう技術的な優位性を創りあげる研究開発に目を向けてゆくことこそが、バリュー創造、オリジナリティと創造性の追求、CS（顧客満足）の充実を生み、新しい競争力を確立させてゆくのではないか」と言われ、つぎのようにおっしゃっている。

「研究開発は価値創造の仕組みとしてとらえることができる。競争は創意工夫の刺激剤であり、競争によって顧客はホンモノをつかみだすことができる。だから、市場の流れ、顧客の気持ちを十分にとりあげてゆけるよう、われわれはマーケティングリサーチのきめ細かさで競争してゆくべきだろう。市場の成熟のなかで消費者の思いを発見すること、自分のニーズを語ってくれる消費者に接近してその声を商品・サービスに反映させてゆくことがもっとも重要な課題といえよう」

茂木社長のめざしておられることは、人間のウェルネス、アメニティ、あるいは基本的なすてきな生き方を求めている市場へ、しっかりした提案で応えてゆこうという姿勢を示されたもので、わたしは強い共鳴を感じている。

ノーブレス・オブリージュに生きる

新しい常識を創造したトップマネジメント、NTTドコモの大星公二会長にお目にかかる機会を得た。

大星さんが一九九二年、公正競争確保のためという政府の方針でNTTから分割された新会社の社長になったとき、携帯電話は不振で当初百億円の赤字だった。そのNTTドコモはいま、わが国でもっとも元気のいい会社になっている。

成功の因はどこにあったか。苦境のなかで経営者として「ノーブレス・オブリージュ(noblesse oblige 高い地位に伴う道徳的・精神的義務)」の精神が本能的にわきあがり、先頭に立って徹底したマーケティングと技術の開発・改良に、スピードとフレキシビリティをもってチャレンジしようという意気込みをもったことにある、とわたしは思う。

わたしは大星さんのもっていらっしゃる先見力の背後に、深い分析力が働いていたと思う。しかし、それだけではない。NTTドコモは二〇一〇年のビジョンを発表した。それは「常にチャレンジ・オア・シンク(挑戦しなければ沈む)」というビジネスマン時代を通して培った信念が色濃く反映されていることに、わたしは注目した。

「社長でいらっしゃったとき、いちばん大事にされていたことは何ですか」と、大星会長にうかがってみた。

「社長とは多くの社員のなかから特に選ばれた者(ノーブレス)です。ですから社長は、世の中をハッピーにし(raison d'etre 存在価値)、社員をハッピーにするオブリージュがあり、そのことに命を懸ける気持ちで全力投球することは当然だと考えてきました」

そのようなお答えだった。

ノーブレス・オブリージュをよく物語るのは、第二次世界大戦の際、祖国を護るため率先して志願して戦地におもむき、弾丸の飛んでくる先頭に立って戦ったので死亡率が最高だったといわれるイギリスの貴族の生きざまである。一九八二年フォークランド紛争が起こったときも、エリザベス女王は愛息を最前線に送ったといわれる。その崇高な精神に大星さんは感動し、脳裏に深くきざまれたのだと思う。

社長は裸の王様になりがちと大星さんはつねに自戒し、「イエスマンだけを側に置かず、社長に反論するような骨のある者を重用する」「ディベートなき会議は無意味」など、社内にチャレンジの風土を育てられた。ドコモの迫力ある経営展開を可能にしたのは、こうした経営哲学にあったといって過言ではなかろう。

未来を予測するより夢に日付を、バリアーを、そして金を

企業を揺さぶる五つの環境変化

伊豆諸島の噴火は困りものだが、環境の変化も活火山のような地殻変動を伴っているようだ。いま、わが国企業に押し寄せている大きな波がいくつかある。

ひとつは、ＩＴ革命の到来と、それに対する企業の仕組みをどう転換するかということだろう。二つめには、若い人を中心にした大きな生活意識、価値意識の転換はどうなってゆくかということに対する模索。三つめは、これからのグローバルな大競争に打ち勝つための規制緩和、あるいは規制強化のとらえ方をどうすればいいのか。四つめは、既存流通の停滞と新業態のとり込みという流通激変への対応をどうすればいいか。そして五つめは、金融大変革をどう考え、対応してゆけばいいかということである。

こうした環境変化のなかで企業は自らの個性、コア・コンピタンス（中核的競争能力）の特性やコア・コンピタンスの共有する緊急課題を、企業のなかのたるみやズレをなくしてどう進めるかに取り組まねばならない。営業力もまた、提案型営業とかソリューション営業とかネットワーク営業とかいろいろ言われているにもかかわらず、その効率的な進め方の具体案は、まだ明確なものとして表れてはいない。

さらに企業はコーポレート・ガバナンスやモラル・ハザードという課題群のなかで、いかに環境変化を察知して新たなルールづくりをしてゆくかが問われており、まさにすべてのステークホルダー（株主・従業員など）との関係価値をどう組み立ててゆくかが企業の今後を大きく左右するだろう。

夢をフォルム化する

二〇〇〇年七月一日付・日本経済新聞のコラム「大機小機」をおもしろく読んだ。米国の科学者ロバート・ハッチングス・ゴッダードの「過去の夢は、現在の希望になり、明日の現実になる」という言葉が紹介されている。

いま、未来を予測することよりも夢への挑戦が必要だということは、だれもが認識している。

そしてその夢をフォルム化することが大切なのだということも、わたしたちはよく知っている。では、これからの企業経営でいかにそれを実現してゆけるか。成功の三要素といわれるものがある。

まず、会社が持っている製品やサービスの意味や物語（ストーリー）がゆたかであることが大事である。これをコンテンツ・リッチと呼んでいる。

つぎに、顧客との関係がゆたかであって永続化が期待できることである。これをリレーションシップ・リッチと呼んでいる。

さらに、製品サービスの届け方、接触の仕方が温い心こまやかなデリバリー・リッチであろう。

こういう三つの要素がきっちり遂行されるところにパーミッション・マーケティングという、顧客が歓迎して企業を受け入れてくれるようになり、そのことが企業成長の柱となるのだ。

言葉は力なり

わたしのゼミの卒業生に、社団法人日本遊戯関連事業協会元会長の平本将人さんがいる。平本さんはホテルマンとしてサービスの心を勉強し、その後、遊戯業界に入った。広島地区を中心に、遊戯協会の浄化をし、夢多き分野に業界を変えようと努力された。

清潔で幸せな場所を提供するという考え方で、ヒューマンネットワークをリッチなものにしてゆく試みを次々に実践された。憩いの時間、ヒーリングの時間を新しく創り出し、エンターテインメントビジネスとしての成功を果たしていった立役者だ。

わたしは平本さんが夢と希望と現実ということをつねに想い、当たり前のことをバカにしないで一つひとつキチンとできるまでやるという積み重ねで、「おもしろく楽しくて清潔で安全」という課題に挑戦していった軌跡を立派だと思う。その進め方も、まずいろいろな業界からベンチマーキングをし、情報分析したうえで、いわゆるパチンコ業界にメイクベター（日々、改善）だけでなく、メイクニューつまりまったく新しい発想をとり入れて、会話力のあるパチンコ店、夢や語らいのある場所に変えてゆこうという経営意志を力強く展開されたのだ。

平本語録をのぞいてみた。「遊戯連盟、遊戯業界に入るためには、こんな商人であってほしい」と呼びかけている。「喜びが湧かない、湧かせないのは商人ではない。おもしろくなければ、おもしろくできなければ商人ではない。夢がなければ、夢がつくれなければ商人ではない。楽しくなければ、楽しくさせなければ商人ではない。発見や発展がなければ商人ではない。お客さまと一緒の共感がなければ商人ではない」

喜びが湧いてきた、新鮮な満足を提供できたということに、針の先の努力をつづけている姿に、わたしは感動している。

　バブルがはじけてから、わたしたちは夢を失くしてしまったのではないか。大いなる夢を抱き挑戦する気力を欠いているのではないか。第一次南極越冬隊長としてすばらしいリーダーシップを発揮された西堀栄三郎さんは、〝西堀カルタ〟をおつくりになったが、「ゆ」の札の言葉は「夢は叶えられる」だったそうだ。小学生のときに開いた雑誌に載っていたオーロラの写真に魅せられて、必ず南極に行くぞと自らに言いきかせた。その夢が実現したという実感が、短い言葉に重く込められている。

　いま、経営者をはじめわたしたちが取り戻さなければならないのは、夢を描き設計し挑戦しつづける心ではないだろうか。

世紀を貫く仕事を

足を引っ張る〝平等観〟

日本の近代の基礎を築いた偉人の一人が、思想家・教育者であり慶應義塾を創立した福沢諭吉である。福沢諭吉は新しい時代に向かって果敢に挑戦する行動人であっただけでなく、コモンセンスがゆたかで、かつ異質なものを愛し多くの人を友としてもち、外国に対する好奇心が旺盛で、異性の生き方についての理解や男性が女性からいかに学ぶべきかということまでも含めて大きな存在だったことを、われわれはいま改めて学んでいる。

われわれが歩んできたこの百年間、政治・経済・科学・文化など社会の変動はやむことがなかった。しかし変動があるからこそ考えは深まり、新しい生の波動が生まれ、自らにとって新鮮なミレニアムを創り出すという意欲が湧くのだとわたしは思っている。現代に生きる経営者よ、人間観や科学の役割、コミュニケーションの方法がこれほど多角的に発展したなかで、人間の基本的なあり方に思いをめぐらし、すべての社会は人間が土台だという考え方に立って経営をリードしていくべきではないだろうか。

残念なことだが、日本には、絶対的と言っていいぐらいに平等観が足を引っ張ることに利用される性癖がある。さりとてアメリカ式のあまりにも競争優先の考え方もいただけない。確かにわが国のこれまでの仕組みは全体のレベルを上げる点では成功してきたと思われるけれども、傑出したリーダーや創造的な人が育ちにくい。人の足を引っ張ったり、出る杭を打ってしまうという大きな間違いを冒している。日本の経営は、いま、思いもよらない発想と独創的な考え方・人間観を中心にして、ゆたかな先見性にもとづく新しいシステムを導入しようという意欲あふれる人材、その存在が求められていると思う。

自分の可能性と闘うものが生き残る

わたしはこれまでの勉強を通じて、どんな学問であっても学問自身が大きくて小さな自分を受け入れてくれるという救いを、つねにもっているものだと思ってきた。そして自分もその学問にひたって学びつづけようという情熱が肯定的に受け入れられてゆくのが、学問の世界ではなかろうか。それは、異質性を妬み、それによって阻害されてゆき自閉化するという否定的な感情とは正反対なものである。この異質性への認識、自分のもたなかったものへの憧れに燃えて、ネガティブなループに陥らずに前向きのポジティブな方向へ旅立たせてくれるものが学問なのだと思ってきた。

学ぶことは自分の感情を言語化し、それを論理的に検討しながら自分と外界とのつながりを研究するという知的プロセスを教えてくれる。そしてそのプロセスを進めることによって、自らの考え、哲学、価値観、あるいは経営観を社会に示し、賛同を得、肯定的価値を味わっていただくことを目指すところに生きがいを感じるのだ。

わたしは、現代の企業リーダーがもっと自分と異質なものと出会い、その理解によってより新たな拡大した領域を発見し、より広い分野から異質なものへの尊敬と憧れをもち、その受容からすてきな業種業態を開拓してほしいと希うものだ。

大事なのは「べき論」から具体論、技術論へと進むことだ。勇気と闘争心をもってやることだ。マネジメントスキルやマーケティングスキルは大事だが、もっと重要なのは意志（ｗｉｌｌ）をもつことだ。業績を不況のせいにせずに、熱情の不足にすることだ。これから先、成長するものは強きもの、賢きものではなく変化できるものだ。生き残れるのは、他人と闘うものではなく自分の可能性と闘うものだけだ。

失われた十年の日本を卒業し、新しく創り出す日本の十年に力強く踏み出そうという自分へ揺さぶりをかけ、組織への揺さぶりをかけ、健全な葛藤の状態を組織のなかに植えつけてゆきたいものだ。

吉田秀雄さんの広告情熱

電通社長をなさった吉田秀雄さんは意志の人だった。「いずれマーケティングが華やかになって、メディアミックスを組む時代が来る。それを勉強してもらう人が必要だ。村田さん、ハーバードへ行ってメディアミックスの研究をしてきてくれ」という吉田さんの言葉を受けて、わたしはアメリカに渡った。帰国して東京大井町にある吉田邸で、そのメディアミックスに関する文献を整理した。二年半かかった。整理し終えたころ、膨大な文献類を私物化することなく広く研究に役立ててもらおうという希望で、吉田秀雄記念財団が設立され、その管理のもとに広告図書館が誕生した。

戦後、広告を産業として認めさせ、電通を世界的な会社に飛躍させる基礎をつくった吉田秀雄さんは四代目社長だが、創業者精神を堅持した方だった。

「広告という言葉をつくったのは福沢諭吉だ。あなたは福沢先生の学校で勉強しているのだから、広告を日本にしっかり教えてもらいたい」と吉田さんはつねにわたしにおっしゃっていた。わたしは「ハーバードにはN・H・ボーデンというすばらしい先生がおり、M・V・マーシャル教授というよき後継ぎがいます。この先生に講演をしていただいたらいかがですか」とお答えをしたのだが、それは「電通ハーバード第一回広告セミナー」となり箱根富士屋ホテルが会場となった。昭和三十五年のことで、以後、日本の広告研究に新次元が拓かれたと思う。

いかなる歴史にも偉大の人の魂が存在する。その偉大な人たちから、いまのわれわれは学び方が足りないのではないか。社長業に命を賭けて企業を新生してもらいたいものだ。

第四章

「人間感動」の経営

「人間関係性マネジメント」がキーワード

全天候成長経営の鍵

日本企業も長い不況からようやく先行き明るさを取り戻しつつある。不況のあいだも業績に揺るぎをみせなかった企業の経営者の方々にお目にかかり、経営にとって何が重要なのかうかがってみた。

たゆみなく前進している企業はどこも、社会との関係性、顧客との関係性、取引先との関係性の強化を図っている。そうした企業は日々イノベーションに挑戦し、イノベーションの展開によって専門性を深め、イマジネーションを高め、とぎれない研究開発によって自己の特徴を身につけているようだ。

イノベーションとは、前例のない発想に挑戦するなかで新しい課題解決への糸口をさぐることであり、企業の実力とは謙虚に結果を出せる形で顧客と市場の課題解決に貢献すること以外にない、とわたしは思っている。それにはノウハウの真価が問われる。

最近の成長企業のすべてが、課題解決を念頭においた経営に取り組み、市場の不満・不平・不快に関心をもち、徹底的に議論することにより知的な高さをもって、未踏の分野により一歩踏み込んでゆく能力と勇気をもって事業展開を進めていることは、大きく評価されていいだろう。

わたしは創業者の伊藤傳三氏の時代から伊藤研一さん、協治さん、現社長の正視さんの三兄弟が中核となって経営する伊藤ハムの歩みを見てきたが、三人それぞれが力を発揮して突き進もうというベンチャー精神に富んでいる。社会の好みを会社のなかに引き入れてお返しする仕事をしよう、ソーシャル・イン運動としてやっていこうと努めている。

「困難を克服しようという全員のエネルギーを集めてゆけば、ものすごい仕事ができるのです」という意欲的な話を伊藤正視社長からうかがって頼もしいと感じた。流通を担当する人たちを大事にし、食肉技術に貢献すべく研究所と学校をもち、食文化の創造に邁進している。企業がインテリジェンスをベースに、社会を味方にし、技術力、経営力を信じてゆく姿を美しいと思う。

元気企業の呼吸中枢

経営とは突き詰めれば人間関係だ、とわたしは思う。その背景に技術やノウハウやサービスや信頼というものが育っているのである。それでは人間関係とは何か。尊敬し合う対話力であり、ミドルマネジメントが元気な企業にはこの人間関係が呼吸中枢になっている。

明治乳業の太田威昭常務取締役は「経営の基本は人間コミュニケーションです」と明快だ。「人間コミュニケーションによって企業の価値、商品の値打ちを市場に向けて溌剌と提案することだと思っています」そうおっしゃっていた。

太田常務は「プロフェッショナルスキルとビジョンをもち、スピードと情熱と変革してゆくぞという決意が企業の仕事のレベルを上げ、手応えのある展開ができる条件なのだ」と教えてくださった。それによって「取引先との関係価値が創り出され、仕事への情熱が伝播され、市場がわたしたちの発言に耳でなく心を傾けてくれる。わたしたちは市場を惹きつけてゆく研究を積み重ねているわけです。それがいまの総力の時代に必要なのだと考えています」

力強い言葉に明治乳業の躍進のエネルギーを、わたしは看た。

エリアマーケティングの徹底

ベネッセコーポレーションの福武總一郎会長に「いまベネッセを支えている柱はなんですか」

とうかがったら「大きな柱は、あきらめない人間です」という答えが返ってきた。あきらめない人間をいかに適材適所で仕事に投入し進めてゆくかにかかっている、と言われるのだ。「そのためには全社員の精神的タフネスを鍛えることが大切で、幅のある教育をして市場と密着することを図っている」とおっしゃった。

それは言葉を換えれば、エリアマーケティングの徹底である。地域地域の毛細血管にまで声かけをし、ハイヒューマンタッチをし、温かいサービスをプロフェッショナル・サービススキルをもって展開するところに、とぎれのない、わくわくするようなお客さまやパートナーとのコミットメントがあるのではないかというのだ。

教育事業に取り組むベネッセの立場としてなかなかすばらしい発想で、新しい価値を見出し創り出すベネッセ内外のコラボレーションがここに集約されているのではないかと思う。

価値（バリュー）の提供とは何か。それは新しい機能（働き）の提供であり、未来への夢、ロマンを現実の力としてデザインすることであり、楽しさ、明るさ、うれしさ、満足感、充実感、しあわせ感、達成感を個別にサービスとして、ときめき精神をもってお届けしてゆくことであろう。わたしたちは常に「学ぶことは人を惹きつける」という信念をもち、思い深めてゆくことが大切だと思っている。

これから企業は福武社長の会社のように、内外との対話を大事に実のあるものにし、役割分担をきちっと果たし、すべての社員が愛をそそぎ無限大を目指したサービスを提供してゆく努力をつづけることが必要なのではあるまいか。つねに自らの生き方、お客さまの生き方を高めてゆくことを志すことは、二十一世紀の課題でもあろう。企業にとって心の美しさ、提案の美しさにいかに磨きをかけてゆくか、経営イノベーションに挑戦する心をいつまでもち続けられるかが問題であろう。その企業ビジョンに全員が前向きに取り組み、みんなで盛り上げ、協力者を巻きこんでゆくプラットホームづくりが大切だと思う。

コーチングの風を起こせ

感動レスは人間レス

最近、激しい人事異動が行われて新社長・役員が生まれているが、会社のなかでのコミュニケーションの欠落のため誤解や理解不足から、いろいろな問題が起こっているという。その実情を聞いて、わたしが強く感じたことは、「人間」がいなければいけないということだ。感じる、考える、そして伝え合う、高め合う人間が少ない、あるいはいないのではないかと気にかかっている。

身近な例をあげると、小売店に行っても商品は並んでいるが、商品についての人間的な会話がない。商品はあるが人間はいないのだ。朝、店のジャバラを上げるときに通行人に「お早うございます」という声かけもない。物販業で終わっている。

最終的にお店に人をひきつけるのは、人間でしかない。物が人を引き寄せているのではない。ブランドが人を吸引するのではなくて、ブランドの後ろには人間がいるし情がある、とわたしは思っている。そういう意味で、感動の総和が売り上げになるのだということを、お店は忘れているのではないだろうか。

毎日毎日の商いを、器械を売っているメーカーであれ総合商社であれ、ＩＴ関係のビジネスであれ、お客様にセンスがあって、スペシャルなシャープな切り口で満足を与えなければサポートは得られないだろう。感激、感動の総和、感謝の総和がどれだけ大きかったかを示すのがシェアや売り上げなのだ。売り上げとは物がどれだけ取引されたかというふうにとるのは、考えちがいではないだろうか。

スーパーマーケットに並べられるキャベツ一つでも、その鮮度、色彩などからどのようにすればお客様にもっとも分かっていただけるかという命がけの陳列をしてこそ、お客様は手にとってくださるのではないか。お客様がそのキャベツを自然に買い物カゴに入れるのは、惚れこんで入れているのではないか。惚れこむのも感動だ。そういう商いの心、人間の心が希薄になってしまっていると思うのだ。

コーチングの風起こし

いま、日本のメーカー、サービス業、流通業が大事にしなければいけないのは、自分の仕事、自分のお客様に感動を与える気持ちにディープ・ラブ（深い愛）を感じることではないか、とわたしは思っている。お客様に心を開いてもらうことが商いなのだ。お客様に心を開いてもらうにはどうしたらいいか、懸命に勉強しなければならないし、真心をもって奉仕しようという熱い気持ちをもつことが第一である。そしてその上に、ワン・トゥ・ワン・コーチングをすることが必要だ。

コーチングとはお客様（相手）の視点に合わせて、相手を立てながら、礼儀をまもっててていねいに、いい方向にナビゲートしていくことだ。化粧品でいえば、お客様の生活に合わせて化粧品を位置づけ、こんなふうに美的感覚を身につけることがより美しい生活、より希望に満ちた未来に近づく道ですよと、プロの魂で納得していただくことだろう。野球でも一塁、三塁にコーチがいる。三塁のコーチを見て走者はホームに突っ込むかどうかを知る。それぐらいコーチは権限をもち、全体を看、最終的な勝利を観ている。つまり、アドバイスは忠言、忠告であるのに対して、コーチは「道づけ」なのである。

トップリーダーにも、たぎるコーチング力が望まれる。企業として次に何をやるのか、近未来へどんな見通しをもち、何をコアにして突き進んでいくかというビジョンをわかりやすいかたちで課題として表現してほしい。そのインパクトあるガイダンス・コーチングをしてほしい。社員に伝えてはいるが、案外理解されていない現実があるからだ。

周到で迫力あるメッセージの発信が、社員の感動をひき起こすのである。そしていままでのワン・トゥ・ワン・コンサルテーション、ワン・トゥ・ワン・アドバイスを越えて、どこから、どういう手順で歩めばいいのか、ということを考えるワン・トゥ・ワン・コーチングを自覚させ、錬磨していく風土を育てていくことが大切だろう。

ヒューマン・ディライト

リーダーは一人ひとりの企業人の行動に、コーチング・スピリットを与える存在だ。こういうふうにしていくのだと、それぞれの部下に伝えていくような生き方を与えてほしいと思う。

時代はカスタマー・サティスファクション、カスタマー・エンリッチメント、エンパワーメント、カスタマー・ディライトから、さらにヒューマン・ディライトへ進んでいる。生きることの喜び、自分のライフデザインをするうえに、あるいは一人ひとりが生活設計をしていくなかに、どんなかたちでからんでいくか、参画していくかが重要な課題になってきている。したがって仕事のうえで一番大切なのは、人間の生き方に関心をもつことだろう。人間の生き方、人間の一つひとつの生活の仕組みをどのように組み立てていくかというフィールド・リサーチを怠らないで、つねにこの人たちと一緒に生きていくのだ、幸せを招いていくのだというポジティブな取り組みを日々してほしいのである。

リーダーは社長や役員だけではない。課長も係長もみんなリーダーだ。リーダーは仕事の森に踏み込んで宝物を見つけてやろう、あるいはすてきな森に育ててやろうという気概をもってほしい。そのためにも、もっと雑談をふやし、もっと深い会話をし、この人たちといっしょに知恵を出し合い、すてきな人間として生きることに挑戦してほしい。そこにビジネスチャンスも見えてくるのではないか。

エクスペリエンス・バリューを

企業の美学を錬磨する

企業がこの変化が早く激しい時代に発展してゆくには、新しい常識をつくること、あるいは濁った知恵や酸化・風化した常識のうえに立たないという認識が必要であり、企業は改善・改革・再構築をはからねばならない。

その中でわたしたちが心すべきキーワードは、四つのEにまとめることができる。「エコノミー（Economy）」「エレクトロニクス（Electronics）」「エンターテインメント（Entertainment）」「エコロジー（Ecology）」で、これに「IT（Information Technology）」が加わると考えてよい。

激変の時代にはたゆみなく学んでゆくことが必要なのだが、それをアメリカでは「エクスペリエンスバリュー（Experience Value）」と呼び、体験によって得られた価値を蓄積し、それらを共有することによって関係性を強化してゆくのである。マーケティングも例外ではなく、市場や顧客に一体化してパートナーシップをとった顧客参加型のマーケティングが出てくるだろう。

マーケティング学者は明日が暗いわけではないと言う。人間の知恵あるいは人間の持っている活力によるイノベーションによって、明日を明るくすることができるのである。それはヒューマンウェアの厚みを増してゆくことによって可能なのだと、わたしは思う。アメリカ、ヨーロッパ、日本の輝くリーダーをみると、みんな学びの欲求が強く体験を蓄積し、人柄が明るく議論をしやすい人たちだ。いわゆる人材とかエリートとか言われる人ではなく、人物でなければいまの時代をまとめてゆけないと痛感させられる。

その力とは、ネットワークづくりができ、顧客のもっている問題を解決でき、スペシャリストを使いこなしてゆく力である。それがプロデュースということであり、そんな人間力をもっている人物を、大きな存在として時代は求めているのである。

サービスにエンドマークはない

第一製薬の森田清社長は「人間は輝ける未来をつくるためにある。わが社はわれわれの夢

――病気を極小化し苦痛をやわらげるという仕事を、宿命を使命感に替えてゆきたい。それには学びつづけること以外にない」という意味のことをおっしゃっている。日々、仕事の見直しを行って、積極的に仕事の再構築に取り組んでおられる。朝令暮改でよい、サービスにはエンドマークはないのだからといって、消費者志向、顧客志向、品質志向、人間性尊重、共存共栄、社会的責任を柱にし、経営理念をしっかり踏まえての経営を進めていらっしゃる。

その姿勢がキチッと受けとめられて、信頼感となって返っている。「森田さんは計画経営・科学的経営を愛と人道主義に立って行っている。親切・丁寧を旨として、正々堂々の営業活動を展開し、得意先の繁栄に奉仕するのだという誠意あふれる人」と、わたしは薬卸業の経営者からうかがった。森田さんの和を尊び、取引業者を通じて結束を固め、礼儀を大事にして進んで問題解決に当たっている姿は当たり前とはいえ、堅実な人徳主義で情愛こまやかな経営者の一人、とわたしは好感を寄せている。

森田社長とともに、わたしは第一会という第一製薬を中心とした卸経営者の方々との会合で、ときどきお話しする機会がある。出席率のよい会で、メーカーと流通業者が一緒になって業界の繁栄を創り出そうという気概が感じられて、快い思い出を残してくれる。森田社長は目立たない、出しゃばらない人柄だが、ピリッと輝く人間味を周囲に与えてくれる人だ。

わたしは人間に美学があるように、企業にも美学があると思っている。美学とは、美しい理念としぐさ、人に迷惑をかけず、期待される存在でありつづけるプロセスではないだろうか。

企業リーダーは夢を見る

そんな考え方をもっているとき、ピアニストの石川理先生から『タンポポは夢を見る』という小冊子とCDをいただいた。わたしも尊敬する九十歳を越えた坂村真民先生の詩に堀江良一氏が曲をつけられた。すてきなCDだった。小冊子を開いて詩に魅せられた。これが生きる美を創るのではあるまいか、と感じ入った。こんな詩だ。

「タンポポは夢を見る／夢を見る／おもかげを抱きながら／かのひとをたずねとんでゆく／タンポポは旅に出る／見ぬ国に恋しながら／山川を越えて　とんでゆく」

この心を少し応用すると、「企業は夢を見る／夢を見る／企業の理想とする姿を描きながら／多くの専門家やお客様をたずね／飛んでいって宿題をもらう　企業人は旅に出る／その旅は取材の旅だ／いまだ見ぬお客様の心に恋しながら／幾多の困難を越えて技術を運んで商品をつくり／お届けにゆく／夢のかおりに酔いながら／幸せを求めてお届けにゆく」

坂本真民先生の考え方は、こんなふうにタンポポという歌でさえ、すぐに企業の夢を追う気持ちになってゆく原点を提供しているとわたしは思う。いま会社は経営学やマーケティングや組織論以外に、人間の生き方、人文科学、芸術というものが大きな柱になる、それが企業力になるのだ。二十一世紀に生きつづける新しい力は、こんな心の宇宙をもつことではないだろうか。

そういう意味で、タンポポは夢を見るように企業リーダーも夢を見るのではなかろうか。その夢にどう日付を入れてゆくか、企業の人生、企業の一生を意義あらしめる生き方をしよう。企業の対話はそれが願いであってほしいものだと思っている。

心一致の経営

経営経験を光合成する

いまトップマネジメントの基本的な問題認識は、全役員が担当のボーダーレス化をすすめ、力を合わせてテーマのベクトル合わせをし、エネルギーを集中することにあるだろう。心一致、政策一致、行動一致を大切にすることが、その根本となる。高橋達直・ライオン社長は、このことを力強くおっしゃっていた。

経営の基本テーマの優先順位を明確にして、実践プロセスの具体的な詰めと経営課題の認識化の共有をはかってゆくことも必要で、それには経営の第一課題について意気投合してゆく場づくりを行うことが大事だ。

竹中統一・竹中工務店社長は日頃から、「意気投合の場づくりをすること、それに徹することは経営のファンダメンタルな課題であり、われわれの大きなテーマとしています」と話されている。竹中社長にお会いするたびに感心するのは、社長としての経営ビジョンを、科学的に、ロマンをもって示し、その存在のアイデンティティーを体現しておられることだ。言行一致、責任を明確化し、明るく誠実に、わかりやすい表現で社内にビジョンを伝えて、人間的な信頼感を培うことに努めていらっしゃる。その真摯な行動が、内外の信頼と安定感を高める好ましい働きをしていると思う。

多角的かつ逆方向から物を観る

厳しい環境のなかで健闘している中堅企業のひとつ、上田の上田知弘社長は突出したアクティブな経営者で、社会を分析し、意思決定のメカニズムをよく学んだ方だ。日本の大学を卒業してアメリカのＭＩＴ（マサチューセッツ工科大学）で学んだ後帰国し、父上である社長の急死でその座を継がれた。

「わたしは人脈もなければ経験も浅い。ただ商売を周辺から支える経営学、マーケティング、組織論、財務などを学びました。そのなかでいちばん強く印象づけられたのは、ものを観る視点、発想の仕方、考え方は、ひとつのものさしだけでなく多角的に観なければならないということ、そして必ず逆のほうからも、ものを観なければならないということです」

その学びが経営体験のうえで活きているとおっしゃった。

「父が亡くなったあと、従業員について不当解雇という問題が起こって、大変な苦労をしました。事業をまかされて実践してゆくためには、さまざまな問題があるということは覚悟していましたが、いくら学んでも学べない、実践の場にしか落ちていない宝物があるのだということを知りました。しかしそのときに、やはり学問・理論を勉強したこと、大学や大学院で学んだことが、ものの見方や人の意見をきく際にこんなに役に立つものかということを実感しました。学んで、転んで、起きて、また学んで体験して、転んで起きる、そして傷つき悩む。こんなプロセスからねばりや、根性や、学ぶ力が強くなり、やさしくもなるということが、少しずつ、少しずつ、理解できるようになってきたかなあと思っているのです」

上田社長の述懐である。わたしは夢中になって耳を傾けた。中堅企業の父親、オーナー企業の跡を継いだ若手社長の悩み、喜び、ガッツを改めて学び直した思いだった。その教えをわたしなりにまとめると、つぎのようになる。

①膨張はいけない。固太りで筋骨たくましいこと、②専門領域を深掘していること、③全員家族ゲマインシャフトであり、喜びと痛みを分かち合える風土をもち、お互いのくせを知り抜いた

仲であること、④前向きであること、⑤贅沢は外に対して、内には節約・質素に、⑥後継者づくりに全員協力が必要、⑦全員のコラボレーション（協同作業）を図る、⑧個性を活かす、⑨感謝に生きる、⑩ご縁（人縁、社縁、地縁）を活かす。

一つひとつが体験に裏づけられたものであり、中堅オーナー企業の参考になるのではなかろうか。

モチベーションが人を動かす

長崎新聞（二〇〇三年三月二九日）で、活水女子大学の田中俊廣教授がコミュニケーションの大切さを説いておられた。心がいかに伝わりにくいかということを論じた短いエッセイであるが、わたしはゆたかに教わった。まだ相手をよく知らない場合は、結婚後も新婚生活のなかで、夫が「寒いね」と話しかければ「寒いね」と妻が答えていることがとても大切なのだそうだ。俵万智さんの短歌、〈「寒いね」と話しかければ「寒いね」と答える人のいるあたたかさ〉の「寒いね」という会話に、これから先の人生の中での会話の持続がやがて以心伝心、無言でも心が通い合うようになるものだと教えてくださっている。

言葉をかけ合うことの大切さが、コミュニケーションの始まりだ。ぜひ組織のなか、会社のなかで、希望を棄てないで、コミュニケーションのある場にしていくためにいろいろなことをやって欲しいものだ。たとえば誕生日に花を贈り合う。得もいわれぬ香気につつまれてドキドキする、贅沢な花のある空間、それだけですてきで風味をもつものだと思う。

仕事、研究、どれをとっても努力や才能が大事なことはいうまでもなかろう。しかしもっと大切なものは意欲であり、根気であろう。それには人間の心を揺り動かすようなモチベーション、人の心を大きく刺激してうきうきさせてやろう、楽しさを与えていこう、与え合おうという気持ちこそ大事ではなかろうか。

東京ニュース通信社の奥出忠社長は、このコミュニケーションをとても大切にしている人だ。日本青年会議所の会頭を務め、ＹＰＯで活躍されたが、人望を集め、とくに後輩から慕われている。威張らないし、面倒見がいい。そのことを本人に申しあげたら、恥ずかしがって答えない。フットワークがよく、必ず人としっかり絆ができるまで深く付き合う。そのネットワークを活かし、几帳面で誠実に仕事をするから競争者が出られない。

ワンカスタマー、ワンマーケット

企業爆発の火付け役

企業が成長し生き残ってゆく設計の基準は、パーソナル・モジュールを大切にすることだ。モジュールとは設計の最小の基準であり、それは市場、エリアを心の通うコミュニティに変え、前例のない新しい常識をつねにころがし、目標に向かって速く前進させる。こうした考え方は大いなる平凡であり、その平凡のなかに視座の転換、パラダイムの転換があり、モチベーターがカリスマ的存在に変わってゆくきっかけをつくるのだ。

いま、自己改革を助け、つねにマーケットをシンク・スモール社会として視て、ひとつ（ワン）の創造をすること、すなわちワンカスタマー、ワンパーソン、ワンマーケットの創造を重要なものと考えてゆくとことに成長の芽はあるのではないだろうか。

日本のこの環境のきびしさをチャンスと視て、全社員が自分の客をつくろうではないか。各職場のリーダーは自分の担当する部門の営業・サービス、商品の爆発の火付け役になろうではないか。自分の心に火をつけられなければ、部下の心に点火できるわけがない。

終業時間を待って終わるのではなくて、仕事が終わったら終わる。終わったら、各職場でたった十分でもいい、毎日、今日の営業戦略会議をひらいて反省し、レビューし、明日の希望に向かってのガイドラインをつくる。こうした地道な努力が必要だろう。

たとえば電話を受けるとき、どんな職場でも明るくそして感動の心を言葉に変える努力があるだろうか。そのような具体的な行動こそが営業力の爆発、企業爆発につながってゆくことを認識すべきではないだろうか。

華のある仕事をしよう

いろいろな企業を訪ねてみて、ひじょうに気になることがある。自分を見せない、心を開かない、人のせいにしてしまう、矢面に立たない、競わない、ねたむ、ごうまんになる、知恵を出さない、そして組織力をうまくつかわないでバカにする、肝が大きくない、脈が結滞する動きをする、つややかさがない、ストレスをまき散らす、仕事をかわす、振る、逃げる、時をかせぐ、ひるむ。そんな弱々しい企業が目につくのだ。

学ぶだけでは役に立たない。学んだことを実践してこそ実務家である。学んで、ことわりがうまくなるだけなら悲しい。夢があったら、もっともっと夢を語ろう。いま、お客様に対して顧客満足だけで事足りる時代ではない。顧客充実の時代だ。すべての言葉、しぐさ、サービス、提案力、対話力に感動していただく、そしてお客様に会ってよかった人たちだと感じていただくこと、この大満足が顧客充実だ。

それをわたしは「商人力」「実務力」「ビジネス力」といいたい。

温かい商人、可愛がられる商人、そして毎日、ワンバリュー（ひとつの価値）をお客様にさしあげようという気持ちをもってチャレンジしている人に接すると、心の奥からよろこびがこみあげてくる。それは、その人たちが華のある仕事をし、華のある生き方をしている証ではないだろうか。向上心に燃え、マメで几帳面で誠実に仕事をしている人の美しさを、顧客は忘れないものだとわたしは思う。

賑々しい職場の創出

新たな市場爆発が企業人、社員の努力によって行われたとき、即刻、社内放送でその当事者名と所属部署名を流し、全社内に臨場感を演出する。大きな成果が実ったとき、社内掲示、号外を発行しよう。大きく祝おう。元気な職場は笑いと発声が多く、それが絶えないものだ。賑々しい職場をつくろうではないか。

全職場が会社のことを思え。そしてすべての社員が、どうすればいいかということを毎日どんどん発言する。指示待ち人間になるな。そうした会社の風土が企業を前進させてゆくのだとわたしは信じている。

そんな会社が減ってしまった。なぜか。みんなお利口さんになったからではないか。学んで謙虚になって行動力を燃えたぎらせることがなくなって、逃避してしまい、いつのまにか仕事に無縁であるかのような態度をとってしまっているように思われる。必要なのは、さまざまな声に謙虚に耳を傾けることであり、これが企業の攻めの始まりではないか。あるいは攻めの窓口さがしをする始まりではないか。とくにリーダーは聴く耳をもち、その声を踏まえた行動をとって、素直に前進する、率先垂範で実践することが何より大切だと思う。

お客様にはさまざまな夢や感動をもち帰っていただくのが、企業の大切な役割である。感動というのはただ一発のヒット商品を出して終わることではない。企業自身がつねに温い、ささやかな親切をも大切にしてゆくというあり方を根本に据え、それが自然体となって表れるところに感動は生まれるといいたい。

何事も実践しなければ意味がない。一エリア、一商品の成功談発表会を週一回の割合で、全社的にインターネットで結んだらどうか。

社内だけでなく、関係会社、流通ぐるみにこの輪を広げようではないか。社長の喜びのメッセージ、感動の言葉、ナビゲーションのメッセージを毎月、社員の家族向けに送りこもうではないか。

景気に明るさの見えるいまこそは、企業格差が広がるときだ。企業力、営業力爆発の第一弾を少なくも期末には成果の総括ができるよう行動しようではないか。そういう意欲がいま求められていると思う。

顧客吸引のすすめ方

人が人を引っ張る

お客様を引きつける会社の吸引力とは何だろうか。

第一に、未来への明るい展望をもって政策を進めている会社は、研究開発も順調に行われている。全社員が心を一つにして、一方向へと歩んでいく姿勢のなかに、成長のシーズ（種）があり、材料があり、アイデアがある。それを引っ張っていくリーダー、つまり社長とマネジメントが将来に対しての見通しをもっている。今ではなく将来のために考え、末広がりにもっていこうという信念が基本にある。急成長ではなくて長い持続力、永続力を大事にしていこうと考えている。そして執行能力、やりぬく力があり、組織力がある。みんながコラボレート（協働）しようという体質がある。そういう企業文化、伝統ができあがっている。これがコーポレートパワー、顧客吸引力だと思う。

お客様を引きつける要素の二番目は、人間が顧客・人を吸収する、人が人を引っ張るということだ。モノが人を引っ張ったり、会社が人を引っ張ったりするのではない。人が人を引きつけるには、尊敬できる何かがなくてはならない。それを専門性といい、プロというが、そこに関わりが深い、わかりやすい、ていねい、親切であるといった敬意をはらわれるものがあるということだろう。さらに、楽しく、心が洗われる、微笑みがある、話題を提供している、キャラクターがすてき、人柄がいいということが人を引きつけるといえるだろう。あるいは永続性があって、人脈がゆたかで、いい人といい人の集団（good company by good people）も、人が人を引きつける要素かもしれない。そういう会いたくなる人、幸せを大事にする人との触れあいの場をつくり出すことが、その成果としての利益や絆を創り、自信や躍動を生み出すことになるだろう。

いずれにしても企業が安定した経営を続けていくには、研究開発から生まれる技術の力、発見の力、そして人を引っ張りお客様を引っ張っていくには未来にたいする希望、未来への布石があることが必要だ。それに加えて、企業は種を創り、種をまいている、苗床を大事にする、人を大事にする、それも社外の人だけでなく社員についても誰に対しても、人間尊重の精神が根っこにある。社内では会社員が尊敬し合い、足を引っ張ったり、いがみ合ったりする風土がない、いわゆる仲よしクラブでない血流をもっているということだろう。

わたしは最終的には、人間がお客様を引っ張るのだと思っている。そして一番大事なのは広いインテリジェンスパワー、教養の力ではなかろうかと思う。その教養のなかには知恵や知識はいうまでもなく、将来への布石が含まれていなければならないのである。

全社的起業家精神

第三に、お客様を引きつける企業にはチャレンジングパワーがある。何事にも挑戦していこうという意欲に満ちている。第四に、ブライトネス、つまり明るさ、心を開いたやさしさというものをもっている。第五に、グローバルに異質なものへの関心が強く、異質なものからの発想を取り入れていこうというオープンな姿勢がある。そして第六、健康的な思想、美しさを大事にする思想をもっている。いい企業のトップは美しいといわれる。美しい心が美しい表情、美しい政策を創るのではないだろうか。

いま顧客吸引力、市場を引っ張る基礎となるものは、深い人間愛、すさまじい勉強と学習している力、そこからくる謙虚さ、お客様から教わりながらそれに答えていこうという姿勢、プロとしての自信、広い視野ではなかろうか。そして決して諦めない強靱な意志の持続。それらを短く

「革新と不屈」といってもいいだろう。起業家精神といっていいだろう。企業のこうしたトータルチャレンジングパワー、全社的な起業家魂が、いま求められているのではないだろうか。

内部告発が横行したり、あるいは社内のインサイドコミュニケーションのない風通しの悪い会社には、成長の芽はないと思う。目先の急な回復や成長だけを考えないで、未来への志を強くもってゴーイングコンサーンとして動態的に変化しながら前進していくところにこそ、成長と永続への途が拓けると思っている。

人間愛の挑戦経営

わたしの尊敬する経営者の一人にセコムの飯田亮・最高顧問がおられる。飯田さんは「誰もやっていないからやる、成功する」という信念から日本警備保障を起ちあげてから、わが国にセキュリティー・サービスを根付かせ発展させ、顧客のニーズを先取りしてそのサービス領域を広げ、さらに医療・介護分野で新事業に挑戦を続けている。

飯田さんはつねに挑戦の気持ちを燃やし、勉強家で、そして深い人間愛をもった経営者だ。セコムの新分野進出の根底にその血が色濃く流れている。在宅医療サービスを始めたのも、夜中にひきつけを起こした幼児が、病院をたらいまわしにされたうえに有効な治療が受けられないままに死亡した、という新聞報道がきっかけになったという。「安全を事業にしている以上、家庭の究極の安全である健康を守ることはわれわれの社会的使命である」と痛感し、十数年の研究と準備の後に事業化したのである。セコムの躍進には、いまの企業経営に求められる教訓が秘められているように思われる。

構造不況はプロジェクト不況だぞ

壁を破るプロジェクト

プロジェクトとは一体何か。企業が全智、全経営資源を集中させ、自らが選択したコア・コンピタンス（中核的競争能力）を投入して会社の生きる途を創りあげるために、全員が努力することではないだろうか。誰かが立ち上がり、そのことに賛同する人間が総決起し、全員でチームワークを組み、意気に燃え、意欲に満ちて、関係するすべての社員いや仲間に向かって命を賭けた言葉で理解を推し進め、知恵を深め、協調体制を強固なものにしてゆく。そして目標を設定し、その目標に向かって血流よく、血のにじむ想いをして達成感を味わおうとすること。これをプロジェクトというのではなかろうか。

いま日本の企業には事業部にも部門にも係にも、また家庭に帰ると家庭にも、さらには個人にも、地域社会にも、すべてこのプロジェクトが不足しているのではないかとわたしには思える。閉塞状態をうち破るのはプロジェクトであろう。不況の原因をあれこれ並べてみても意味がない。需要が市場からなくなったわけではない。表面は静かに見え、見えないように装っているが、市場の底流ではつねに人間は新しい欲望をもち、日々脱皮して新たな希望をもって臨んでいる。

その胎動を見逃してはなるまい。われわれは大海原に出てゆく人生のなかで、プロジェクトがなければ興奮や感動を共有しながら自分を磨くことはできないし、夢を語り合うことがなければプロジェクトは完成できないだろう。

わたしは、いまはチャンスだと思う。この景気の微動が感じられるなかで波風をつくろう。それがプロジェクトではないか。いまこそ新たなるテーマを掲げ、知恵を結集し、先見力と情報力を活かして起業化しようという知的で精力的な輪をつくりあげ、実業・商売のかたちとして実現するときではないだろうか。チャンスはそう度々あるものではない。いまがチャンス！と考えることが大切だと思う。

日本の企業よ、プロジェクトを創ろう。そしてプロジェクトに燃え、プロジェクトを達成して新しいうねり、波動を起こそうではないか。なれあいの仲間意識ではなく、孤立・孤独にただ耐えるだけでなく、燃える人間として大海原で活躍する行動力を身につけてほしいと願うものだ。

ビジネスは堂々と

これまでの日本の商いは一つひとつの取引関係で終わるのではなく、人間関係からくる信頼を絆とするものだった。いまビジネスは短絡に小さな物差しで、この取引は損か得か、プラスかマイナスかだけで対処してはいないだろうか。

市場や顧客の利便でなく、自分の都合のいい立場からのみ返事をし、時を稼いでうまく難関から逃れようとしたり、苦手なことにはいろんな理屈や都合を言って逃げまくる。

正面からぶち当たらないで王道をはずれながら、商談までいかずにくじけてしまう。気がつかないふりをして礼を失してしまう。

元気を出せ、ストレートに正面から突っ込め。側面にまわるな。人生を卑屈にならず華やかに生きようではないか。自分の会社、これまで自分を育ててきた会社を批判するのでなく、感謝し、愛社精神に燃え、仕事の使命感に尽くすことこそ重要ではないか。

不況のなかで、めそめそ、くよくよしないで、ぶつかって頭をつかおう。

そして自分のパワーをためて対人力で営業をするのだ。対人力の源は学ぶことだ。学ぶとは知識の量をふやすことでなく、接して得たすべての体験を自分のなかで育てることだ。

知恵を結集し、自分の存在を大切にして活かすことだ。この理解に立って、げんなりするな、何でもやれ存分に、という空気を企業のなかで漂わせるリーダーがどんどん出てもらいたいのである。

プロジェクトを否定する動き、いくつかの問題点を取りあげたが、これらは企業の大小を問わず見られる企業病のひとつだろう。臆病で踏み込まないで、批評家にまわって批判精神だけを後生大事にする人間の多い企業は、死に至る病への途をたどってゆく。

テーマこそエネルギーの源泉

NHK「プロジェクトX」のチーフプロデューサー今井彰氏がいみじくも言っておられる。「プロジェクトの正否を分けるのはテーマであり、テーマこそがエネルギーの源である」と。テーマのない会社は必ず衰弱する。テーマをもって社員に強烈なエネルギーを与えていくこと、それが企業成長の大きなカギだということを教えてくださっている。まさにこのことが、いま求められているとわたしは思っている。

テーマをもとう。テーマをみんなでもち上げよう。そしてそれを達成しよう。それにはすべての企業人が「一日ワンバリュー」「一日ワンクリエーション」行動を、企業のなかで実現してゆくことが必要だろう。顧客を何より大事と考え、迅速、高感度な、そして先見力と自信と前向きの精神で突撃してゆくプロジェクト構成メンバーの動きが、長い停滞を破り大きな成果を生んでゆくと思う。

トップは脇役なのもいい

嫉妬をはねのける努力

いま世の中は無機質な社会をつくっている。連帯感があった社会とはまったく異なってしまった。過去の常識が、コモンセンスやマナーが届かなくなり、多様な価値観という名のもとにすべてが乾燥化し、空虚化し、無機質化しているのが今日だ。裏表のある人間、すさまじいばかりの学ぶ力の不足、使命感に欠け、コミュニケーションさえ十分に行えず、したがってモチベーションも高められず、コラボレーションも得られない。そこにはイノベーションも起きない。これが現実だ。

ところが一方では、嫉妬やそねみが大きく、ねばり強さはなく向上心もない。華ある存在は乏しく、人に惚れたり、人の輪に入ろうという気持ちがなく、ただ関係価値をうまく保とうということで終わっているような面も大きい。

企業のコンダクターとしての経営者、そして経営のマエストロとして、あるいはシステムデザイナーとしての役割がどこかへすっ飛んでしまったというのが現状だ。自分の得意をつくることが苦手なようだし、得意をつくるための真摯な学びも足りないように思われる。そこで、明日への若干の少し厳しい提言をしておきたい。

トップは脇役?

トップマネジメントは決断力を示すだけでなく、仕掛人集団が自然発生的にどこかに見えはじめてきたときに、その育成を、脇役として果たすことが大事ではないかと思う。そうしないと仕掛人集団の行動や声は、既存の旧い組織欠如のなかでうち消されてしまいがちである。規制の枠組を信じている人々にとって、そのエリアを超えるアイデアや行動は危険な雑音でしかないからである。その雑音のなかに真音（しんおん）があることに気付かせるのが、トップの役割ではないだろうか。

トップは雑音の一つひとつに聴き耳をたてて真音を仕分けし、ヒト、モノ、カネ、ノウハウならびに精神的な支援を外からも内からも目立たないように送りつづけることが大事だ。社長はじめ全役員が担当分野のボーダーレス化を進めて、力を合わせ、ベクトル合わせにエネルギーを集中する姿は美しいし、それが徹底的に戦略展開になるいのちだと思っている。

いま伸びている会社、活発に動いている会社としてキヤノンがよく例にあがるが、そこには経営基本テーマの優先順位の明確化があり、実践プロセスの具体的な詰めを戦略課題認識の共有化を図りながら着実に進められていることが指摘される。日本だ、アメリカだ、ヨーロッパだという区別はない、すべての企業に言行一致、有言実行、責任の明確化をし、誠実でわかりやすい人間的信頼感を培っていくことが必要だ。ただし、そのためには歴史観、人間観、価値観の重要性をわきまえ、人物力を身につけていかなければ不毛の努力になってしまうだろう。

突出集団のエネルギー化

会社が創造的な突出をするための条件として、わたしは社内にある突出集団のアイデアをうまく活用してエネルギーに変えることではないかと言ってきた。しかし現実には、社内で意見をぶつけ合って、異種交配による新しいアイデアを導き出すことは至難のようだ。

ここで必要なことは何か。そのアイデア、ベンチャースピリットの火を消さずに燃えあがらせるにはどうすべきか。突出集団の情熱、考え方の強さあるいは未熟さ、そして育てることのおもしろさを明快に社内に伝え、従来の企業ドメインの探索・深耕をつづけながら将来の可能性に向けて、経営資源の合成的効果、シナジー効果をあげるべく技術と市場の相互に関係する部門をしっかり構築していくことが、経営者の課題となろう。

すべてのスタートはおそらく怒りであったり、驚きであったり、愛情であったりするパッション（熱情）からではないかと思う。パッションとは何かを引き起こすものだ。人間はロジックで考える前に感性で何かを感じとる。それはファジーでいい、大体であっていい。その感じたことを、人間はリーダーたちのコンビネーションによって微妙にお互いに補い合って、自分より才能のある人間をつかいこなしていくことができるものだ。それがトップマネジメントの仕事ではなかろうか。自分より才能のある人間を発掘し、彼らにプロフェッショナリズムを認識させて思いきり動かしていく力が重要なのだとわたしは思っている。

会社を元気にする五項目

大事なことをIの頭文字で五項目にまとめてみたい。

① インパクト（impact）とイマジネーション（imagination）を明確に打ち出せ。
② インテリジェンス（intelligence）を活用しイメージ（image）を創れ。

③イノベーティブ（inovative）でアイデンティティ（identity）をはっきりさせよ。
④インサイト（insight）でインタレスト（interest）を与えろ。
⑤アイ・ドウ（I do）、アイ・アピール（I appeal）、わたしはこう提案（主張）するということをコーポレートエナジーとしてまとめあげろ。

第五章

顧客欲求への対応力

「顧客密着」が成功の途かな

愛情大切、ご縁大切

わたしには素敵な先輩がぐるりに何人いる。その一人がビデオプロモーション会長の藤田潔氏だ。藤田会長は創業の心について「大切なお客さまの日常に何かお役に立ちたいという志を維持・尊重することが、わたしたちの生き方です」とおっしゃった。その言葉からわたしは、「愛情大切会社」「ご縁大切会社」、これがビデオプロモーションのビジョンではないかと思っている。

藤田会長に初めてお目にかかったのは三十年前、サントリーの鳥井道夫名誉会長が紹介してくださったのである。「わたしにすばらしい友人がいる。何かやりたいとき、いつも新鮮なアイデアをもってきてくれる。興味の渦をつくってくれて、奇抜なそして温い提案をしてくれる人だ」と。藤田さんにお会いして、わたしは熱くなった。わたしの心を捉えたのは、次のテーマである。

①すべての企業は顧客志向に生きている。だからわたしも、それに参加するのだ。

②すべての企業は創業以来の経営哲学をベースにしている。その具体的行動方針と合わない計画は立案しない。

③お客様へのアクセス、エリアマーケティング、ライフスタイルマーケティング、リレーションマーケティングをベースに提案している。

④つねに顧客へ向けた発想を貫く。顧客の幸せを豊かにするアイデアを中心に提案してゆく。

⑤お客様が感動することが市場の価値を生む。わたしはその感動のプロデューサーである。

これが藤田会長を湧きたたせている思想なのだ。そこにわたしは、ヒューマンサティスファクション（人間満足）への的確な感性を観る。この人こそお客様の問題や課題の解決に、やさしさを中心とした発想で貢献しようという精神に充ちた人ではないかと思っている。

身近にいてほしい人

ヒューマンサティスファクションを語るとき、ホテルオークラにあるすし久兵衛・店長の鳴原誠さんを、わたしは想い浮かべる。お客の好み、大切にしている言葉、発想の仕方、生き方を、この人は丁寧に受けとめて大らかに包みこみ、柔らかにお返ししている。それほどの年配でもないのに、わたしより数段大きな人間を感じさせる。この振る舞いが店をまとめるリーダーシップの磁石になっている。

リーダーシップというのは、優しさ、人間尊重を欠いてはいけない、そしてサービス業はお客様の幸せへのコーディネーターなのだということを鳴原さんを通して痛感している。

正、強、人。正しくものを考え、強い自分の専門をもち、人への思いやりをもつ、そしてときめきを与える。そういう意識がいつも心の奥にあって、それが鳴原さんのエネルギーを生み出しているのではないだろうか。いつも身近にいてほしい人とは、こういう人ではあるまいか。

顧客欲求への対応力

これからの時代は規模が大きくなるとか、量が増えることは難しくなる。それよりもどれだけ地域の消費者・生活者・顧客の欲求に対応できる力をもっているかがポイントだ。その視点で観ると、こんな会社があると気付くことがしばしばある。

文明堂製菓の岡本圭祐社長はいまの時代を「品質が標準を超える。品質が老舗らしさをもつことが大切だと思っています。しかしそれだけでは不充分です。商品に、全社員、サービスが生命力にうずいて呼吸していることが、本物の条件だと思っています。それは日々究める空気づくり、究める努力をしているだけなのです」と話してくださった。

岡本さんの文明堂は食品会社だが、同じように「究める努力、究める技術をもって深い仕事をしたい」と三菱鉛筆の数原英一郎社長はおっしゃるし、日本ケミファの山口一城社長はやはり「本物を追求し、マーケットから宿題をいただく」という姿勢に徹している方だ。

サンヨー食品の井田純一郎社長は若く情熱的な経営者だが、社長就任に当たり話されたことが、クリエーティブで面白い。

「わたしはこれから販売・営業の爆発的な実現にアイデアを出してゆきたいと思っています。広告とパブリシティで関心を起ち上げ、計画的に営業努力を集中し、組織的に動いてゆき、連続的なキャンペーンを展開したい。価格体系を工夫し、それにプラス・ホスピタリティ、プラス情報という考え方で進めます。そしてサンヨー食品の商品の評判の渦をつくりたい。全員チームワーク体制で、社内会話力をポイントにして提案力を盛りあげ、差別化を図ってゆきたいのです」。意欲に燃え、目を輝かして経営の道を語っておられた。他からの学びを積極的に行い、自社の仕組みに誠実に、惰性を排して、全従業員と力を合わせていくという形は、今後すべての企業が実践すべき道でもあろう。

経営者のこの考え方、日々の行動にこそ輝かしい未来が待っているのではなかろうか。そして、これらの経営者はいずれも友人を大切にし、高感度に生き、つねに現状を超えようという意欲に充ち、ぐるりからの刺激を大事にしていることが成長の条件であることを併せ教えてくれている。

市場シェアより顧客シェアがテーマ

人材をつくり出すリーダーシップ

未来を考えてゆくことは夢であり、大きな理念から実行できる行動へと変わってゆくきっかけをつくるものだ。未来の姿を想像することほど楽しいことはないと、つねに唱え、その楽しい夢——実現への行動を企業のなかに根づかせようと努力なさっているのが、綾羽の河本英典社長である。河本さんは衆議院議員もつとめておられるが、個人の自発性を特に大事にされる方で会社経営のなかで細かい気くばりをなさっている。

河本さんは「人間は基本的に好奇心に満ちた社会的動物であって、人と交流したり学び合ったりすることにつねに憧れているのではないだろうか」と言われる。多くの人びととの接触、継続的な個人の学習によって人間は知恵を生みだしてきている、とわたしも同様に思ってきた。

河本さんは会社のすべての分野の人たちと濃密に接触し、市場における適応能力はどうあるべきかを討論し、身近の人たちに情熱的な情報収集家であってほしいと働きかけている。社員がもっているすぐれた知識やスキル、あるいはモチベーションが活性化するのは標準を超えることなのだと、「針の先の差」の努力の継続が画期的な成果を生みだすというたとえ話で、熱っぽく説いている。

わたしは優秀な人材を最初から獲得しようとするより、企業のＤＮＡにとって最も適したさわやかで温かい人材をつくりだしてゆくことのほうがはるかに重要だと思っている。その手づくり実践の場を綾羽に見るような気がしている。

思考のリーダーシップ

大阪に本社のある、かに道楽というフードビジネスの今津久雄専務も、思考のリーダーシップを大切になさっている経営者である。

今津専務は勉強会に熱心に出席し、自ら進んで講師をつとめられる。社内教育にも熱心で、多くの社員を集め取引業者と一緒になって学び合う場をもっている。そしてフューチャーチームという社内横断的なチームをつくって、いまわが社が必要なことは何かと問いかけ、問題摘出と解決への坩堝《るつぼ》をつくりだしている。

それは社内の情報チャンネルをつねにスムーズで磨かれたものにし、そこから実効的アイデアを引き出すのに役立っているようだ。ボトムアップを押し出した姿勢が横断的プロジェクトチームに組まれ、インサイドネットワークを築くことに成功しているのである。その結果はトップへの信頼にもなっている。

信頼は開放的なマネジメントプロセスのなかから、社員の参加意識で生まれてくるものだ。社内に解放感と透明感があってはじめて信頼は生まれてくるし、それが厚みをもって広がりを示すことにもなる。

解放感と透明感は、社内に公正な感覚を醸成し、ビジョンを明確にし、戦略目標をみんなで共有するような仕組みがおのずからできあがってゆく。

市場機会に全員で対応してゆこう。全員で戦略能力センターとして顧客と接触してゆこう。ビフォアマーケティングからアフターマーケティングまでコラボレーション（協働ワーク）を実践してゆこう。そこに恒久的な顧客と企業の相互依存関係が生まれてくるのだ。

――今津専務は毎週、社員との勉強会で訴えつづけておられるようだ。そこに思考のリーダーシップの息吹をわたしは感じとっている。

顧客別ぴたりマーケティング

家具のコスガの小菅康正社長は、消費者ニーズをつねに現在進行形で捉え、それにフィットした商品提供をしているデータベース・マーケティングの実践者だ。多様化する消費者のニーズ、変化の激しい市場の動きを正確に早く捉えて、客観的なデータをきめ細かくコンピュータの力を借りて分析したうえで、消費者の行動や暮らしを見える形で捉えようと努力しておられる。

小菅社長は消費者・顧客をムービングターゲットと認識し、「浮遊している顧客と動きを共にします」とおっしゃった。作る側・売る側と買う側・使う側の気持ちの双方向通行でアプローチしている姿勢が、コスガの成長につながっていくのだと思う。

顧客・個人のニーズとウオンツ確認努力、お客のデータベース・マーケティングによる把握、そしてデータベース・マーケティングの成立、さらにそれをインディビジュアルマーケティングの実践でお客に応えてゆく。そんな顧客に合わせてゆく企業の姿勢が体質化してゆくのを、わたしは感じている。そして顧客が二十四時間のケアによって優良顧客に変わり、パートナーにさえなってゆくのだと思う。

ターゲット・マーケティングということを、小菅社長はアメリカのミシガン大学で、かの有名なW・レイザー教授からいち早く学ばれた。その教えを活かして、顧客行動に対応して情報とアップ・トゥ・デートなワン・トゥ・ワン・マーケティングを望む場所で、望む状態で、欲しいお客様に、それぞれの個に合った商品を提供する形で事業展開をされている。ひとつの望ましいカスタマーゼイションの事例だろうと思う。

こうした関係を強固なものにしてゆくことこそ、関係の競争力の強化なのであり、顧客シェアの拡大が結果として市場シェアの拡大につながってゆき、確実な顧客がつくりあげられてゆくのである。顧客シェアは購入した一人ひとりの顧客がその商品に満足し、どんなときでもその会社の商品を購入してゆくことを意味する。

まさに強大な顧客関係ができあがり、最大の顧客満足が得られることになってゆくのだと、わたしは思う。

商いの魂が心を射つもの

恵みにお返しをする

わたしは商人——あきんどという言葉が大好きだ。商う心が好きでなければいい仕事ができないし、好きでなければ商人にはなれない。商いには冒険心や興奮がなければすてきな仕事はできないと思う。生きがいがなければ商人ではないし、勇気をもって日々挑戦できなければならないとも思う。

わたしは小さいころから、商人の表情に魅せられた。感動や喜びが表面に現れ、楽しげに仕事をしているように映った。夢を追ったり育んでゆくのが商人なのかなあ、いつもおもしろい発見をしているなあと思い、素直な心、謙虚な心をもった人だなあと子供心に感じていた。

マーケティングの勉強をするようになって、なおさらその想いは強くなった。伸びている企業はお客さまから恵みを与えてもらっているし、そのいただいた恵みに対して、企業はいかにお返しをしてゆけるかということが大事である。企業は経済価値を算出しながら、文化価値や蓄積された知恵などをお客さまに提供し、社会と企業が美意識や感性のもとに交流し合ってゆくことが、これから求められる経営あるいはマーケティングのお客さま価値に通じてゆくのではないかと考えている。

たとえば商店街で賑々しく客が集まっているところは商人の心のあるお店だし、そういうお店・会社には関係づくりやワン・トゥ・ワン戦略が生きているように思う。お客さまの顔が見える売場づくりをドーンと豊かに創り出してゆくところに、生活課題のソリューションの価値が生まれていくのではないだろうか。

顧客と日々を共有する

わたしは〈村田マネジメントサロン〉という勉強会をつづけている。通称MMSと呼んでいる。いつもわたしが話すのは、文明プラス文化の大切さで、文明と文化の組み合わせがこれからの時代のうるおいをつくるのではないかということについてだ。そしたら作家の野村正樹さんが、わたしと同じような発想で一文を書いておられた。

野村さんは、次世代のキーワードは「うるおい」だと書いておられる。わたしは大賛成だ。うるおいというのは、いろいろな形で人に与えてゆく〝豊かさ〟ではないだろうか。それはゆったりとした気持ち、そして自分たちが満足のできる深い呼吸のできる、社会や自然とともに生きてゆくことのできる感覚ではないだろうか。

ＭＭＳメンバーの株式会社ポンテヴェキオ ホッタの社長・堀田幸夫さんは、宝飾品を扱っておられる方だが、イタリアのすてきなデザイン性、歴史、伝統、文化、高級感、優雅なただよいを大切になさっている。いつおうかがいしても、そんな気持ちが緊張感をもって伝わってくる商品ぞろえをされていることに感心する。わたしはこれを「センス」と呼んでいる。センスとは構えているなかからではなくて、自然体で、いつのまにか中核価値を蓄積しながら喜びの気持ちをこめて希望の光を創り出し、与え続けることではないかと思っている。

堀田さんは現状分析にたけている方だ。状況をしっかりと見定める力のうえに方針決定力、つまり自分が生き残るあるいは成長するルートを選ぶ決断力をもち、計画実行力をもっておられる。それは不断のスキルアップのための勉強、向上心、努力から生まれている。しかも仕事以外に趣味も豊かで、人脈もきめ細かく誠意をもって創り上げるダブルスキル、トリプルスキルに秀でた方だとわたしは思う。

同じ車、同じ洋服、同じお酒、同じ指輪であっても、美しさ、楽しさ、使い方や提案の仕方で付加価値は変わってゆく。そうした人間の心のひだに与えてゆく教養の美、内面的、精神的生活からにじみ出てくるような喜びこそ、これからの時代に求められてゆくのではないだろうか。堀田さんはターゲットをフォーカスし、戦略をミックスすることを心掛けている。顧客のニーズや不満足をお客さまと快話するなかで探りあて、お探しものはこれではありませんかと、ハッとさせる形で提案なさっている。堀田さんの仕事の進め方のすばらしさは、そこにある。

戦略のある企業は成功するし成長する。規模の大小を問わずこのことが言える。これは経営の科学であり、生活のなかのロマンを発見してお客さまを魅せる価値創造をなさっている。これがすてきなビジネスを創り上げている大事な要素だと、堀田さんの商いごころが発光しているお店を訪れるたびにそうわたしは思う。

一事が万事

いま賑々しい事業展開をしている企業のひとつに富士急ハイランドがあるが、社長の堀内光一郎さんも地域社会と深いメッセージで関わっている方だ。「論理の欠如は飛躍をみたりおもしろいものを生みだしたりするけれど、モラルや倫理の欠如は絶対にあってはいけない」と、日頃からおっしゃっている。

先般、わたしが目撃したことだが、東京・虎ノ門近くで富士急バスがちょっとした故障を起こした。たまたま堀内社長はそこに通り合わせたということなのだろう。小走りでバスに近づき、車内に入って「わたしは社長の堀内です。いますぐ対応しますから、みなさま、少しばかり時間をください」といって静かに頭を下げられた。率先垂範とはまさにこのことだろう。とっさの出来事にわたしはびっくりし、感心もした。

「一事が万事」とよく言われる。事件というには小さくて取るに足らぬこととも見えようが、企業が信頼を得てゆく姿を目のあたりにして、これぞ商いの魂とすがすがしく胸のふくらむ思いがしたのである。

市場の声の体内化を

高感度を共感度に変える

企業内に人材は多い。個人それぞれがもっている高感度な優秀性は、スペシャリストとして、あるいはゼネラリスト、コーディネーターとして有能であろう。その一人ひとりの企業人としての優れた行動を組織の優秀性に変えるには、個人の「高感度」を「共感度」に変えなければならない。それは個人の優秀性が組織の創造的な風土、文化にトランスファー（転換）されてゆくことだ。言葉を換えれば、個人がみずからを満たしながら、企業全体を創造力あふれる風土につくり上げることだ。

わたしはゆたかな感性を育むために最も重要なことは、またそのきっかけをつくるものは、自然に対する、人間に対する、そして科学やテクノロジーに対する感動だと思う。そして現在のメカニカル（機械的な）、あるいはエレクトロニクスから与えられる感動よりも、もっとおおらかな、心の解放から滲みてくる体感的な感動だと考えている。

現在、組織が求めている積極的な知恵の開花とは、多くの社員があたかもシリコンバレーのアントレプレナー（起業家）のように生き生きと振る舞うことであり、それには創造力ゆたかでドミナントの（特技をもった）人間の起業マインドに点火することがなによりも大切だろう。

わたしはレオナルド・ダ・ビンチが絵画・彫刻・設計・音楽に長けた大芸術家であり、数学・解剖学・土木・天文学・機械工学・植物学にも天才的な力をもった人だと教わったことを思い出す。いま企業内に求められているのは、そんな創造者ではないか。

ダ・ビンチを企業内につくるには、ひとつは外から知恵を入れたプロジェクトチームをもち、感性ゆたかに、市場から多くの課題を聴き、その答えをトライ、そしてポジティブな行動が求められていると思う。

顧客のバリューのリサーチと対応

市場の声を体内化するマーケットインの発想には、異なった人種を活用する勇気が要る。それには外からの知恵、知的アウトソーシングが必要だ。そのことが真剣な企業の姿勢、革新的姿勢、より外から学ぼうというスタンス、外の支援を受けようという謙虚な態度を培ってゆく。

ここから生まれてくるのは、企業の未来に対してチャレンジするテーマ群が多い。日本アイ・ビー・エムの椎名武雄最高顧問は、積極姿勢をもつと同時に慎重さが大切であり、また、外の知恵を入れることは組織の酸化をくい止めてゆくのに有効だと教えてくださった。このことは、イトーヨーカ堂の鈴木敏文会長が「顧客のバリュー（価値）のリサーチと、それに答える開発姿勢こそ大切なのだ」とよくおっしゃっていることとも呼応する。

まさに、いま大切なことは、ウチだけで十分やれるという傲慢を捨て外の知恵を入れること、顧客・市場からよく聴き、その価値観に応えることといえるだろう。

お客と企業の心の結び

わたしは冷たい分析、ぬくい対応が好きだ。アンテナが高く姿勢の低い人も好きだ。標準語よりも表情語を話す人が好きだし、連帯感の強い絆づくりをしている経営者を高く評価している。日本メナード化粧品の野々川大介会長は、いわゆる雄弁家でなく、すべてに心・気持ちを入れこむことの大切さ、丁寧に念を入れる姿勢を、一人ひとりの社員およびサポーターに伝えることに努めてこられた。これが実ってメナード化粧品のいまの堅実な成長があるのだと、わたし思っている。

また、カルビーの故松尾孝会長は「つねに関係を深めることが大切。得意先、顧客、仕入先、自然、人材、人間と関係を深めることが商いの原点です」とおっしゃった。これも現代に欠けているものを言い当ててズキンと響く言葉だ。

わたしの学んだ商いは、一つの商品を販売する。その販売によって商品を得た顧客は、商品によって満たされた生活と、満足感・生きがいを得、次の生活への期待感をふくらませてゆくことができる。

他方、売り手は販売によって得た収入で満たされ、新しい知恵を仕入れ、すてきな商品づくりに精を出すことになる。こうした尊い関係が取引の原点だと思う。いま、売ったお金、仕入れたお金、その差額がもうけだという数字の上、計算の上での商売が商いというような感覚でとらえられているのは、さびしい限りだ。

雑談に宝あり

創業者の理念、起業時の言葉がいま、多くの企業で忘れ去られているのではないか。それをもう一度大事にすることが企業の活力の元となり、ビジネスチャンスをうかがえることにもなるのではないだろうか。

ビジネスチャンスをつかむことは容易なことではないが、創業理念に導かれながら、自分のもっている技量、コア・コンピタンス（中核的競争能力）を磨き強化し、その一方でそれを人間の生き方のなかにどうからめるかという日々のリサーチを続けることが必要であり、ビジネスチャンスはそこから学びとることができるだろうと思う。

その意味でわたしは、いま雑談が減ったのを憂えている。お客様との雑談が減ったし、学者と企業との間の雑談がめっきりと少なくなった。それぞれの知見と知恵を交わし合い、本音をぶっつけ合って啓発し合うという、雑談の広がりと深さが世代を超え、性別を超え、人種を超えて行われなければならない。

わたし自身がいろんな会社を訪問して重役会や幹部会に出て感じることも、会議の前や会議の後の雑談、つまり非公式なコミュニケーションが不思議なくらいに減ってしまっている現実へのいたましさである。

「L《エル》」企業は成長するはず

ABCDの実践

お互いの顔が見える社会、会社を創ろう。そんな信頼社会、人間の社会を新しい世紀は要請している。フリードリヒ・シラーの『よろこびに寄せて』という詩を読んで、ベートーベンはこれに交響楽をつけたいと熱い想いを抱いた。八年後によくやく合唱つきの代表作を創りあげた。第九交響楽である。発表には百名の合唱団に想いを託した。ベートーベンはシラーの詩を万国共通の言葉に変えて、喜びの見える社会にしたいと願ったのだそうだ。

二十一世紀は喜びの見える社会、悲しみの見える社会、顔の見える社会、表情の見える社会を創ることが大切ではないか。

いまの時代、大切にしなければいけないのは、「当たり前のことをきっちり行う」ことである。

わたしはこれをＡＢＣＤがなければいけない、と言っている。当たり前（Ａ）のことを、バカ（Ｂ）にしないで、ちゃん（Ｃ）と、できる（Ｄ）まで、やれ。乱暴な語呂合わせだが、これを頭のなかに置いて一人ひとりのお客さまの問題解決に〝匍匐前進の精神〟で取り組んでゆくことが必要だと思う。

匍匐前進の力

味の素の先代の鈴木三郎助さんは毎年、十カ月は全国の小売店を訪問しておられた。「味の素を売ってくださっているお店をお訪ねして、お茶をいただきながら十五分間お話をお聞きしてくるだけで、そのお店は三十年間、味の素から離れないものなんです。だから一軒一軒を大切にお訪ねすることがわたしの仕事です。これは営業活動の原点だと思います」と教えてくださった。〝ＡＢＣＤ・匍匐前進〟のすばらしい実践であり、今日の味の素の底力が築かれていったのである。

キメ細かく消費者ニーズを考査し、さまざまにトライを重ねている株式会社新進の籠島正直社長の行き方も軌を一にしており、わたしは面白いと思っている。新進は漬け物のメーカーで、食材の開発に熱心な会社だ。現場説得、現場強化の解決力を大事にし、最初から大きな成功を考えずに小さなヒットを積み重ねながら大きなホームランへつなげてゆく展開を図っている。わたしはこんな形がこれからの大競争のなかで案外強いのではないかと見ている。

籠島社長はマメで全国津々浦々を歩き、小売店とヒューマンタッチをくり返し、店頭第一線の声に耳を傾けて経営に反映させる努力をしている。そして未来に対する投資、次の新しい飛躍のための内部留保を大事にして、理想の姿をつねに見据えている。成長してゆく分野、停滞する市場を的確に判断する力は、やはり日々〝匍匐前進〟のなかでこそ育つ。籠島さんが経営者として、また営業人としての感度を高め、定点観測点を設けて商品の成長・停滞のシグナルをうまくつかんでいるのは見事なものだ。

父君の万亀さんは生前、正直社長について「プログラムをキチッと練る男だから、わたしは心配していません」と期待を語っておられた。籠島正直社長が企業理念を堅持して、小さく育て大きく実らせることを大切にしながら、顧客との接点を何よりも集中して考えている姿には頭が下がる。

リッスンはリーダーの務め

「当たり前のモラル」も大切だ。善意、好意、熱意、誠意、友情、恩愛、そんな人間のモラルをトップマネジメントはもちろん、全社員が持ち合わせる会社でなければなるまい。その底に流れているのは愛のこころだ。それをお互いに素直に受け渡しするところに共感が生まれ、共生が創り出される。

わたしが長年注目している会社に株式会社シマノがある。シマノの行き方はメインを自転車に置いて釣具のようなロングライフをもつ商品を開発し、ニューバリューの創造にひたすら取り組んでいる。生活がよくなること、使いみちが便利になる、快適さが向上することを前提にして物を観、新機軸を求めている消費者につねに提案型企業としてのマーチャンダイジング研究を怠らない。マーチャンダイジングの基本は商品のアピーリング・チャーム（他社にマネのできない訴求点）を明確にし、その魅力を商品ブランド、価格、パッケージデザイン、イメージの統合性により消費者に強く訴えてゆくことにある。

そんな商品の使命感を島野容三社長は「愛情大切会社になってゆけば、新製品は自ら成功してゆくと思います」と端的な言葉でおっしゃった。

お客さまは何を考えているかを聴くリッスン（Listen）は、リーダーの務めではないか。リーダー（Leader）はエル（L）から始まるというのは、リッスンから始まるということだ。聴くには強い意志が必要だ。聴くことを勉強することだと思って耳を澄まさなければ、有効成分は検出されずに廃棄されてしまう。島野社長は謙虚にお客さまの話を傾聴し、明確な形をとっていない願いをコンセプトに練りあげ、そのコンセプトをデザインにし、デザインを商品化してゆく努力を続けておられる。これこそいま売れない条件を克服してゆく、もっとも確かな道なのではないだろうか。

このたびシマノでは、コンピュータを使った自転車の制御システムを開発したという。道路の勾配や路面状態をキャッチして、自動的にギアやサスペンションが調整される仕組みである。これなら中高年者も安心して自転車を乗りこなせる。お客さまの願いをデジタル技術で解決し、自転車市場に満ち潮をもたらそうとするものだ。シマノは愛のこころの上に、技術開発力と営業力がガッチリと組み合っている教科書のような会社だと思う。

次の次の客を取れる企業になろう

企業に潜むアキレス腱

一人でも多くの経営者の方にお会いしようと心掛けている。最近の会話のなかで共通しているテーマは「ＩＴ」と「グローバル」と「人間」についてだった。その内容はここでは触れないが、お話しているなかで感じた日本の経営者と企業が抱えている問題点のいくつかを書いておきたい。

① 日本の経営者は雑用が多すぎるのではないか。経営者としての本来の仕事をしている人が少ないように見うけられる。雑用を片づけているうちに働いているという錯覚をもちやすい。真の仕事は何か、それをしているかの反省があるのか。

② 分析が営業実績を上げると考えているのではないか。分析がよい実績を生むのなら学者を集めればよい。学者は分析から結果を導く。現実はその分析がすべて言い訳に使われている。

③ 調査は無力だ。肝心なのは捨て身になってものを考えることだ。これ以上後がない状態に追い詰められたとき、はじめて知恵が湧く。

④ アイデアは社内にたくさんある。しかし商品、仕事までの落としこみがない。どこかで断絶がある。どこに原因があるのか。ノイズメーカーは何かの追及がない。

⑤ 会社のなかから興奮が消えている。会議が知的興奮の場ではなく、セレモニーに終始している。

⑥ 粘りがない。

⑦ 人と人との関係、付き合いを重たく考えていない。儀礼的な浅い付き合いで終わっている。

⑧ 若い社員に夢がない。「おれは社長になる」という気概をもて。大ぼらを吹かなければ勢いがつかない。

⑨ 中堅社員が先輩や地位、しきたり、保身に目がいき、思いっきり仕事に取り組んでいない。

⑩ 少数精鋭主義という表現は未熟ではないか。少数にするから精鋭になるのだ。さらに少数精鋭より多数精鋭が強い。

⑪ 成功をイメージしているか。イメージできないものはマネージすることができず、成功はない。

外側のお客様を内側の仲間に

会社は顧客優先社会、すなわちお客様の都合で動く社会をつくることを目指している。ところがいつのまにか、自社の都合を優先している社会をつくってしまっているのではないか。会社には人間関係を軽く考えるという心得ちがいが定着してしまっていないか。会社の経営品質、会社のなかの風の快さは、人間関係を重たいと感じる心から発するものだ。それが希薄だから、営業は目の前にある市場・顧客との取引関係に終わってしまい、次の客、その次の客を取ることができないさびしい状態になっている。

営業力とは短期間でものを売ってしまうことではない。ロングサイクルをつくることにある。それは重い人間関係のなかで、会社や商品やサービスの背後にあるビジネスフィロソフィーをビルトインさせることであり、信頼を与えることなのだ。

家具のコスガ社長、小菅康正さんは温厚な人柄の方だ。お父様は創業者で、趣味は絵画、個展を何回も開いておられる。人間味豊かでバランス感覚をお持ちだが、商いについてのお考えをうかがったことがある。「商売とか営業というのは、外側にいるお客様に内側の仲間になっていただくことなんですよ」とおっしゃった。味わいのある教えだ。そしてお年を召されると「それだけ気くばりや頭を働かせてゆくと生活が幸せになり、心のくつろぎが得られるものなんです」と話してくださった。ちなみにコスガの家具の主張は「くつろぎとやすらぎを与える」。言人一致、柾目が通っている。

小菅康正社長も「家具とは、どんな暮らしが一番すてきなのかという創作を考えることかもしれません。それは心のコンフォート（憩い、なぐさめ、励まし、快さ）を与えることなんです」とおっしゃっていた。康正さんとお会いするたびに、仕事の話でも、スポーツの話でも、日本の未来についてもつねに明るい面を見つめている方だという気持ちを強くしている。そんな人柄は人をひきつけるものだし、製品や空間創作に反映されているのが、コスガの魅力ということだろう。

「ある」から「創る」へ

わたしは人間関係は「ある」ものではなく「創る」ものだと思っている。はごろもフーズの後藤康雄社長は、いつも人としっかり付き合っている方のお一人だ。「社内では、会議は死んではならないと言っています。だから沸騰の連続です」とおっしゃっている。

そして商売とは笑みをたたえて売ることを実践されている。そのうえに礼儀正しい。いつ、どこでお会いしても、先手をとって声をかけられる。どこへ行かれても、会う方のことをずっと会うまで考えておられるという。本物の商売人だなあとわたしは感服している。

会話は心から楽しそうになさるし、わたしたちに話題を提供することを忘れない温かさもお持ちだ。お目にかかって一週間もすると手紙がくる。「この間、お会いしてからこんなことを感じました。こんな情報を手に入れたのでお送りします」ということが書いてある。そして自社製品がいくつか添えてある。そんな心延《こころばえ》に接して、後藤さんをサポートしてあげたいという気持ちが刺激されるのはわたしだけではなかろう。

ワン・トゥ・ワンからワン・トゥ・メニィ

ワン・トゥ・メニィの時代

最近「商い」がなくなったと感じることが多くなった。経営者の方々とお目にかかっても、このことがよく話題にのぼる。そしたら東京海上火災保険・専務執行役員の金杉浩さんから、いい話をうかがった。

「代理店のなかで伸びているところには、お客様との関係で共通点があります。時間をかけて商談をするんです。マニュアルではやりません」。

金杉さんの言葉は奥深い。いまワン・トゥ・ワンの時代だといわれる。つまりワン・トゥ・マスからワン・トゥ・ワン・マーケティングの時代になった。そして今度はワン・トゥ・ワンを超えて、ワン・トゥ・メニィがくるのではないだろうか。そうするとこれからのキーワードは、ワン・トゥ・マスではなくて、ワン・トゥ・ワンを積み重ねていくワン・トゥ・メニィだ。事業を成長させるためには、やはり大量をつかまえなければならないのだが、ワン・トゥ・マスでつかまえてはいけない。ワン・トゥ・ワンをたくさん重ねていって〝ワン・トゥ・メニィ〟で商売をしてゆくことが「商い」ではないだろうか。それは標準化やマニュアル化や能率化から離れて、「人間化」ということではないかと思うのだ。

「わたしはどこにも負けない明るい空気を社内につくることを心掛けてきました。そして仕事のスピードを他社の追随を許さぬものにすること、雑務のスピード・アップをやりました。しかしお客様との対話は、能率や標準ではやらない。丁寧に、丁寧にやろうと、言ってきました。やっと、人間的な温かさに充ちあふれる代理店に近付いてきたかなという感じです。これからさらに徹底的なサービス精神の旺盛な社員を育ててゆきたいと思っています」

金杉さんは淡々とした口調のなかに保険代理店成功のポイントを言い尽くしている。まさに商いの心の体現者ともいえようか。

屏風と商売は広げすぎると倒れる

株式会社マルマンの前社長・故片山豊さんと親しくお付き合いをさせていただいてきたが、

「動く百貨店」というコンセプトをもっておられた。私にマーケティング・アドバイザーとしての意見を求められた。「簡単にできるものではない。成功は難しいのでは」とお答えした。いろいろ伺ってみたが、ノウハウが薄いと感じたからである。

ノウハウとは、これがダメならこれがある。それもダメならこれがあると、いくつも準備していなければならないものだ。そんな潜在力をもつ必要があると申し上げた。「屏風と商売は広げすぎると倒れる」と、吉兆を創業した湯木貞一さんはよくおっしゃっていた。言い得て妙だ。

店を増やしたり新しい事業に乗り出そうというときに想い出したい言葉だ。人が育たないうちに店を出したり新しい事業に手を出すことを膨張、あるいは肥大という。人と知恵が育ってから出るのを成長というのである。

片山さんが偉いのは、すぐに「動く百貨店」事業をたたんだことだ。そしてライターとゴルフ道具に専念した。失敗に気づいたら、すぐにやめるに限る。これは勇気ある決断であり、賢い撤退なのだ。

白刃をくぐる体験

梅雨入りを前にして身のまわりを整理していたら、江崎グリコ社長の江崎勝久さんの手紙があった。あの事件で苦しい想いをされていたときにくださったものである。読み返してみた。「いま試練に立っています。毎日、困難の坩堝のなかに置かれていると言ったほうがいいかもしれません。自分は気力や前向きな姿勢が、何か萎えていきそうで失望しそうな気がします。そのとき勉強会で先生からうかがった話――困難に立ち向かうときこそ人間はステップ・アップ、ジャンプ・アップするのだという言葉を自分への励ましと考え、生き抜こうと思います」。そんな内容だった。

その後、再び江崎社長から手紙をいただいた。「ようやくすべてが困難のなかから克服できて、私はおもしろい未来をデザインできる気持ちになりました。これから新しい江崎グリコが誕生して、新しい目標に向かって到達しようという意気込みで会社は動こうとしています」とお書きになっていた。

それは当事者でなければわからない苦しみだったろう。当時どこへ行っても自分のことが書いてある。

どんなときも周りが自分を見ているように思われる。そんななかで耐えてゆく精神力、したたかで、萎えない気持ちをもちつづけることが企業家精神のひとつだということを教わったように思う。これも経営者が大きくなってゆくための経験でもあるだろう。

いまの時代、経営者はもちろん、企業のなかの責任ある地位にいる人はだれもが、すごい経験をすることを考えていかなければならないだろう。大敗もあるかもしれない。その経験を乗り越えていくのが、プロ中のプロといえるだろう。言葉を換えれば、オーセンチックな（本物の）プロは、そういう辛い、きびしい経験を自分の磨き砂にしてゆくことが大事ではなかろうか。〝白刃をくぐる〟体験をしてはじめて一人前になれると言われるが、その経験の意義を前向きにとらえて建設的、積極的に自分を生かしてゆくところにたくましい経営者が育つ途があるのだと思っている。

顧客ロイヤルティは商いの通信簿だ

ノン・ズボラ企業になる

最近、企業でうっかりミスが多いという。ちょっと言い忘れた、出し忘れた、連絡を忘れた、とり違えたなどということがよく起こって、人をなじったり悪口を言ったりして終わってしまうそうだ。それは多くの場合、企業のイメージや人の信頼を壊し、未来の新しい成長を摘んでしまう。

わたしが惹きつけられたのは、眼鏡のパリーミキ（三城）だった。キチッと時間をまもる、正確な仕上げ、アフターケアのよさ、正直な値段構成の説明、その一つひとつが周到で、ひとことで言えば、すこしのズボラもないのだ。多根裕詞会長兼社長および多根幹雄副社長のキャラクターが、この企業文化を育ててきたといえるだろう。気持ちが晴れ晴れする。そこに、パリーミキの顧客がロイヤルティの高い、パートナーあるいはパトロネージ（援護者）、あるいはセールスマンにさえ変わっている秘密があるのだろう。ズボラはすぐ棄てて、几帳面で、誠実な商人《あきんど》でありたいものだ。

商いのファンダメンタルズ

人への気くばり、気づき、親切にぬくもりを与えることは、すべての人を味方にする。小さいが流通業にも評判のよい煮豆、つくだ煮のメーカーが東京・板橋区にある。わたしがたまたまスーパーマーケットで求めた煮豆がおいしかった。袋の表示を調べて、その会社の社長にお目にかかった。菊池食品工業の菊池幸《みゆき》社長だ。お話をうかがって感動した。

菊池社長は毎朝七時から工業の入り口に立って、働く人たち全員に仲間として挨拶をされ、家族のように接しておられる。社員みんなが想いやりを大切にして、互いをもり立て合っているぬくもりある会社である。見学に行ってほしい。電話のベルが鳴るか鳴らないうちに、応じてくれる。会社の名前、誰が受けているか姓名を明言する。こんな受け答えのよい会社は少ない。

わたしはよく経営者の秘書の方から電話を頂戴するが、自分の姓名を言う人はまずいない。いただくＦＡＸに姓は書いてあっても名はないから、女性か男性かがわからない。会社の住所、郵便番号、ＦＡＸ番号を明記しているＦＡＸは珍しい。相手の立場や便利さを考えないよい例だ。細かいことを言うようだが、会社の基本姿勢は人に迷惑をかけないこと、人にベネフィットを与えて大切に扱うことに神経質なぐらいであって、はじめて顧客への感謝と奉仕なのではないだろうか。わたしは、それが商人《あきんど》の心持ちであり商売のファンダメンタルズだと思う。

いま、日本企業の人たちは何か心が砂漠化し、人間関係が乾き切って、冷たく、ありきたりのマニュアル通りに終始している気がしてならない。しきたりの代わりにマニュアル・オウムになってしまっているように思えてならない。

感謝のチェーンが商売

わたしは商いを大切にする経営者が大好きだ。尊敬していた伊藤ハム創業者の伊藤傳三氏に、事業の哲学をうかがったことがある。

「お礼を申し上げること、その感謝のチェーンが商売だと思う。買ってくださる人とお会いし、直接、愛コンタクト（接触）でお礼を申しあげ、ご縁に感謝の心情を素直に発信することが大切だと思っています」とおっしゃった。ご自宅にお訪ねしたときの日記に、わたしはその感動を記している。いまも伊藤研一会長はじめトップマネジメントの方々が、この創業者の魂を堅持して経営にとり組んでおられるので、爽やかな印象を与えつづけているのだと思う。

わたしは各企業のPRをしているわけではない。よい会社、顧客に望まれる会社のモデルがこんなところにあるのだということをお知らせしたいのだ。だから読者の方々が訪問されてそれらの会社の社長にお会いになったら、ぜひそのストーリーを聞いていただきたい。ストーリーのある企業はおもしろい。それが話題になり、顧客の口にのぼり、評判となって市場をつくってゆくのではないか。わたしはこれをコミュニカビリティー、つまり話題づくり、評判づくりと呼んでいる。評判が市場を創る。これがマーケティングの神髄である。

まるまる顧客中心主義

顧客中心主義を知らない人はいないが、実践はむずかしい。メーカーの場合は、研究開発とお客さまのニーズやウオンツとを結びつけることがテーマだ。このことを社長就任以来、言いつづけた人がいる。明治乳業の中山悠会長だ。若々しく意欲的で、従業員を引っ張る気迫に満ちた人だ。演説は原稿を見ないでおやりになる。誰にでもすぐ会いに行くフットワークのある人だ。だからブレインワークもありネットワークゆたかだ。オープンマインドで、ご自身をさらけ出して、人と大きく付き合う方だと感じ入っている。

中山さんの挨拶を聞いた。スーパーマーケット「よしや」小泉雅一社長の結婚披露宴でだった。「有名にならなくていい。慕われる社長になって欲しいと思います。お願いしたいのは休日のない『よしや』になること。いつも開いていてください。そんな会社になってください」と訴えられたのである。心を打たれた。わたしは中山さんに声をかけた。

「正直に思ったことを言う。敬うべし。感謝すべし。他はすべて先生なり。これがわたしの座右の銘です」という言葉が返ってきた。

コンシェルジュ・マーケティングを〜親切って宝なのだ〜

人を惹きつける笑顔とやさしさ

いま行き詰まりをみせているビジネス社会で精気あふれる企業づくりをするには、これからの社会をどう喜ばせるか、市民にどういう生きがいを与えるかということを踏まえなくてはなるまい。これからの経営、マーケティング戦略立案への基本的な視点とパラダイムの設立に大きなヒントを与えるものは、強烈な企業の研究心を盛りあげ、ニューテクノロジーを創りあげること、市場シェアをつくり顧客の満足を得るにはＩＴではなくＨＴ（ヒューマンタッチ、ハートタッチ）こそ大事なのだということを忘れないで人間社会の基本を身につけておくこと、いまは顧客満足にとどまらず顧客大満足、顧客充実の時代であることを忘れない、などだろう。

新聞には出ないがそういう課題に日々取り組んでいる隠れた経営者がたくさんいると思う。謙虚でひたむきに仕事をしている人に数多くお目にかかってもいる。これから望まれるのは、社交的、感覚的、美的体験のみを誇示するタイプの経営者ではなくて、だれの心にも湧く興奮、驚き、魅力の魂を真ん中に秘めて、それを静かにしなやかに顧客のために感動的に実らせてゆくリーダーではないかと思っている。

先般、大王製紙のエリエールゴルフ・プロアマに行った。大会の責任者は井川俊高会長だった。井川高雄最高顧問の御介弟である。井川会長の好ましさは、人を惹きつけるやさしさをもっていることだ。だれとでも交流する幅広い人柄の人物で、いつお目にかかってもにこにこしている。「なんでいつもいい笑顔をしているんですか」とたずねたことがある。「いろんな人にお目にかかると、その方の体験された新しい知恵を必ず教えてくださる。そのおかげでわたしは自分が体験する以外の体験を、たくさん身につけることができます。それがわたしの知恵の源泉になっているんです」というお答えだった。

高松で行われたエリエールゴルフでも、井川会長は変わらぬ満面の笑みをたたえて、だれにも平等に声をかけ、「楽しんでください」というひとことを添えていた。わたしはその姿を見ていて、人の心を揺さぶるということはそういう笑顔とやさしさがつくりだすのだと思った。でしゃばらないで、部下が仕事をするのに、つねにしやすいように動いている。名会長といわれるのも、ふしぎではない。

コンシェルジュ・スピリッツ

九州でときどきお目にかかる経営者に、明太子の株式会社かねふくの竹内昌之社長がいる。竹内社長を観ていて感じるのはスピードがあることだ。そして一人ひとりのお客さまのことをいつも考えて胸に秘めている。従業員をどなりつけることはない。それでいて従業員の意識が芽生え、気がつくような方向に会話をしている。これを教育というのだろうと思う。見た目はやさしく、お客さまにとって重要な関心事と従業員の関心事とを結びつけることに熱心だ。「信用のおける人」そして「先を見通す力を体全体でもっている」というのが、従業員の竹内社長への評価である。

わたしは、こうした社長が新たな顧客関係を創出するコンシェルジュ・マーケティングの推進者なのだと思う。コンシェルジュというのはホテルのプロフェッショナルな接客係で、求めに応じて宿泊客の旅行プラン、予約、購入、調査、案内など旅行日程についてのあらゆる手配や旅の手伝いをする人たちである。この静かな存在でありながら、一人ひとり一つひとつを大切に処理している心が、コンシェルジュ・マーケティングの基本的な考え方である。コンシェルジュの心を大事にして、いつもお客様、顧客が求める価値を創りあげるお手伝いをしていこうという姿勢こそ、今後のマーケティングの基本ではないかと思う。

わたしたち、世の中をこうではないか、ああではないかとコメントする立場の人間も、コンシェルジュ・マーケティングをビジネス別、仕事別に勉強して、ブランドとしてのコンシェルジュを創りあげてゆくことが大事だろう。

このコンシェルジュ・マーケティングが成功したとき、企業ははじめて、お客さまからパーミッション、ぜひお願いしますというお許しが出るのではないだろうか。

コンシェルジュ・マーケティングのポイント

コンシェルジュ・マーケティングのポイントを挙げておこう。

①コンシェルジュ・マーケティングは売ることではなく、市場から宿題をいただくことであり、取り引きの活性化である。顧客との関係づくりの強化こそ大切であることを一人ひとりにわかってもらう。

②会社の保有するノウハウを提案しつづける力、行動が大事。プロ魂を顧客にしっかりと見せているか。

③ 本物とは品質が高く、オリジナリティーがあり、生命力があるものをいう。それが差別化されたブランドバリューだ。

④ 分析は冷静に、顧客の欲求がベストなかたちで満たされるように、温《ぬく》い対応を体内化し、汗をかく行動をすることが基本だ。

⑤「顧客主人公主義」を徹底し、会社の存在も「ネイバーフッド・カンパニー」という顧客密着を日常化する。

顧客サイドからイノベーションが起業化でき、グッドカンパニーへの途づけが可能になる時代が始まっている。

第六章

経営者はバリュー・クリエーター

トップの人間力・人物力

新任役員の心得

今日、わが国企業の基本的課題は、自社のもつ経営資源をバックにして企業哲学、経営理念を明確に認識し、専門性、コア・コンピタンスを研磨することから生まれてゆくものだと意識し、創業以来、企業がコア・フィロソフィーとしてきたDNA的な哲学あるいは理念を、社会に問うてゆくことであろう。その意味では、創業の哲学の強化、あるいはリインペンティング（再発見）のときといってもよいかもしれない。

わたしが敬愛する富士ゼロックスの小林陽太郎会長が、「昇任・新任の役員」の方々に託された内容を送ってくださった。

富士ゼロックスの役員として、①偉ぶらない、②もったいぶらない、③形式ばらない、④公私混同しないのは当然のこととして、さらに⑤現場をよく観、よく聴く、⑥専門分野についてよく勉強する、⑦外部とのつきあいで世界を広げる、⑧決めるべきことは順送り繰り延べにせず自ら決する、⑨決まったことは役員総一枚岩に徹する、⑩これらを積極的に実践していただきたいという内容だ。そしてさらに、よい仕事をするためには自らの健康と、健康で幸せな家庭がなくてはならない基盤であり、この二つを無視することはできないと付け加えておられる。

富士ゼロックスの役員層の力を結集してニューワークウエイを小林会長自ら率先垂範し、クリーンでダイナミックなリーダーシップを発揮しようとする決意が読みとれて、わたしは強い感動を受けた。

バリュー・マーケターたれ

戦略的な二十一世紀型マネジメントを行ううえで重要なことは、まず意識改革であり、タブーを棄てて変化をチャンスと捉えて導いてゆくこと。そして企業の行動はコア・コンピタンス経営の推進を特化し、競争優位の分野の日々強化を図って創造的提案企業――バリュー・マーケターへと変身してゆくことにほかならない。

すなわち、自社の専門性から発見のエージェントとしての提案を準備し、企業のもつ技術専門性のなかから新しいビジネスのシーズを見つけ出すことであろう。そのうえで、ニーズを掘り起こし、企業のもつ先見力、先知能力、創知能力をどう培うかが課題となると思われる。

これまで企業のなかで培われてきた専門的な人材・技術の蓄積、あるいは企業のもつ世界の情報の蓄積は、きわめて重要な企業のコア・コンピタンスの中核的専門性を発揮するための独創力になってゆくことは確かだ。

このモデルのような企業、味の素の江頭邦雄社長は「心の若さを保つことが最も大切だと思う。そのためには聴く耳をもつこと。異質の人と交わること、人の話を最後まで感情的にならずに聴くこと、先入感をもたずに聴くこと、真意をつかみながら聴くことです」とおっしゃった。

わたしがお会いするたびに感ずるのだが、人はみんな素晴らしいという謙虚さで接し、深い尊敬の念が伝わってくるのが江頭社長の接遇だ。江頭さんの今日のリーダーシップは、そんな人間大事、出会い大事の心から生まれているのだと納得させられる。

富士ゼロックスも味の素も、市場はプライスマーケターの時代は終わり、バリュー・マーケターの時代を迎えているという認識に立っている。バリュー・マーケター、言葉を換えれば創造的な提案力のあるノウハウ企業であることを意味している。

自ら光るものを身につける

市場に対するプロデューサーの役目は、すてきな企業の経営資源をバックにした提案を、テクノロジーやクオリティーを含めて具体的な価値の提案として示してゆくことだろう。そして先の二社のトップの言葉に、大切なキーワードがあることに気づく。

そのキーワード、つまりいばらず、気くばりのゆきとどいた方の大先輩に、新日本製鐵会長をなさった故稲山嘉寛さんがいる。よく遊び、学び、よく遊んだという人柄で知られる方だ。

明治三十七年生まれの卓越した経営者だが、「競争とは競争心を利用して努力・工夫することだ。自分をレベルアップすることだ。だからライバルをもち、つねにそのライバルに負けないように自分自身を磨きあげることが必要なのだ」とおっしゃったそうだ。

松竹の永山武臣会長も、魅力ある経営者の一人だ。いつもにこやかに、人のいうことを最後まできちっとよく聴く力をもっておられる。そして社員に話すときには、わかりやすいキーワードで、核心をお伝えになる。つまり言葉は「人間を鼓舞する、インスパイアする大切なエンジンなのだ」ともおっしゃっている。

永山会長は、松竹という会社の男優・女優の演じる舞台をたくさんご覧になって、心の動き・

振動を与えることの大切さを痛感された、とも話してくださった。

そして自らに課されたのが読書だった。

「言葉をゆたかに賢くつかってゆくのは、リーダーの大事な心掛けではなかろうか。それには読書をしなければならない。幅広い読書が必要だ。耳学問だけでは、どうしても不足です。読書からでなければ、人生のあり方、生き方の術を学べないものがあるんです」

トップ自らが光るものを身につけていってこそ、企業のなかに光るものを育て、光る企業の魅力をつくってゆけるのではなかろうか。このことは今も昔も変わらない。

経営・マーケティングの土台づくり

コア・コンセプトは「つなぐ」

わたしが尊敬する経済学者に、ロンドン大学名誉教授・森嶋通夫先生がおられる。先生の迸書『なぜ日本は沈没するか』（岩波新書）を拝読して感動していたところ、臨床心理学の河合隼雄先生の感想が『中央公論』（一九九九年七月号）に掲載された。先生の感じていらっしゃることが、わたしと同じであった。それは森嶋先生が著書の冒頭にお書きになっている次のお考えについてである。

「経済は社会の土台であると考えている人が経済学者のなかに多いけれども、わたしはそうではなく人間が土台ではないかと思っている。経済は人間という土台の上に建てられる上部構造にすぎないのではないか」と。

わたしは経済も経営・マーケテティングもすべて人間がベースだろうと思ってきたが、経済学者自らがそういう発言をなさっていることを、河合先生もわたしも非常にうれしく思ったということである。

森嶋先生は経済の長期的分析のオーソリティーであるが、結局は人間の価値観、歴史観が経済を引っ張ってゆくことには間違いないと捉えておられる。経営は一層そのことが言えると、わたしは思っている。

その意味で今日、経営・マーケティングのコア・コンセプト（核になる考え方）は、〝つなぐ〟である。いま一番大切なのは、技術と情報と人間をどうつなぐかということだ。そのつなぐ人のことを専門的には、ビジネス・プロデューサーと呼んでいる。

会社と顧客の間を考えてみると、物あるいはサービスを売ろうというのではなくて、この方とどういう付き合いをしようかと思う形で交流するのが営業の原点ではないだろうか。

このことは、こう言い換えられよう。人と人、考え方と考え方を、どのようにしてつないでゆこうかということが大事なのだ。お客様と会社が切れない関係にあるとき、どういうお客様かといえば、お客様に「つながってあげる」「つないであげよう」という気持ちがあるということなのだ。

お客様をエキサイトさせているか

不況といわれるなかで、成長あるいは安定している会社が少なからずある。そのひとつが、文具のヤマト糊という商品で大きなシェアをもっているヤマト株式会社だが、会長の長谷川澄雄さんは「商売というのは、お客様から断ち切られないことだと思います」とおっしゃるのである。まさにヤマトのもっている技術と情報と顧客とをつなぐことが、安定的なシェアを維持している根本なのだと言われるのだ。そしてヤマトの社員は全員、そのつなぎのプロデューサーを務めているのだ。

商いとは、〝つなぐ〟こと。これは営業、小売業、サービス業、すべてにいえる。競争とは本物を見分けようという気持ちが顧客に生まれる状態だと、わたしはつねづね話している。ということは、値打ちのあるものを開発し提案している会社にとって、競争は願ってもない好機となる。お客様との感動のつながりをどうつくりあげるのかが、大きなテーマになる。

お客様の「今日はこんな良い買い物をした。とても気持ちのよい対応だった」という興奮体験がなくならない限り、会社とお客様はつながってゆく。そうした研究開発力がなくなったり薄れると、商いは切れてゆく。「一流の学ぶ力の強い人は、その人の存在自体、独特のエネルギーを出している」という。わたしが過去にお会いしたすぐれた経営者は、その体から独特の快い活力を照射しているように感じられた。

それは、一体何かと考えてみると、その人の昨日より今日、今日より明日というように日々新たに前へ前へと進んでゆく意欲、これこそ、輝きの正体だろうと思う。そして、そうした意欲的な一歩一歩を会社のなかで示し、顧客との間で示し続けることが、つながれてゆく条件ではないか。

「日々、好奇の目で観よう」はわたしの口ぐせのひとつだ。好奇の目で観るとは、問題意識をもって観ること。集中力を起動して燃えることだ。経営にもこの目が必要だろうと思う。この目がなければ〝良い経営〟はできない。良い経営は創造活動につながることだからだ。うまい経営と良い経営を併せもつことが、二十一世紀経営なのだ。

グランドデザインを起ち上げる

いま、企業で大切なことは、少しグルーミーな面があると感じたら、一人ひとりを意欲的に目覚めさせることだ。目覚めるには学ぶことだ。今年はこうだった、来年はこうしようと積み重ねてゆく物の考え方、去年まではこうして、こんな知識・知恵が蓄積できたというところから物を考えてゆく。この演繹的な考え方でベースをつくる。

もうひとつは、正月にうちの会社・事業はこうありたいという着地点から物を考えてゆく帰納的な考え方で、着想をつかむ。物を考えてゆくには、つねに演繹と帰納の両面から詰めてゆくこと、発想と着想から観てゆくことが大切で、その上に仮説を立てて構想を練るということだ。

昭和電工名誉顧問・鈴木治雄さんは、つねに確固たる哲学をもって未来を構想するグランドデザインが大事だと教えて下さっている。企業はいま、二十一世紀をどう生きるのかのグランドデザインを、いくつかのシナリオで創りあげようとしている。そのなかで最も大切なのは、どういう技術・情報と人とをつないでゆくかというつなぎであり、スーパービジネスプロデューサーの必要性がここにあるのだと思う。

自己啓発の時代〜自分文化をつくる〜

スーパーバリュー・マーケティングの展開

わたしたちはいま、非常にきびしい環境のなかにいる。世界は急速に変化し、企業も変わらざるを得ない時代である。そこにバリュー・マーケティングへ移行する必要性を、わたしたちは感じている。消費者・顧客は、価格を重視し、それに見合う価値を求め、サービスを求めている。すべての市場で行動する人間は、バリュー・マーケターでなければなるまい。ということは、トップクオリティーの商品を世界で最も安く提供することができるということなのだと思う。

そのために何が必要なのか。企業がつくりあげてきた特徴をもったコアのある製品に、ＩＭＣ（インテグレーテッド・マーケティング・コミュニケーション）を投入して、顧客の十分な理解・納得を得て、喜んで買ってもらえるものを創り出すことであろう。

わたしはこれまで多くの経営者の方々にお会いした。創業経営者には、起業の実相を観せていただいた。自己啓発に貪欲であり、経営理念、信条、哲学をもっていること、明確な夢・ビジョンを示して組織のメンバーと共有していること、国際感覚をしっかり身につけ、市場重視・顧客第一主義を追求する手をゆるめないこと、創造する機会を発見する感覚が鋭く、コミュニケーション能力に長けているという特徴をおもちであると、わたしは感じたのだ。いま、不可欠なのは、こんな特徴を踏まえたスーパーバリュー・マーケティングの展開だろうと思う。

時代を切り拓く勇気

わたしの愛読書、倉田百三の『愛と認識との出発』のなかで、著者は「人間が夢見ることをやめたとき、その青春は終わる。青春とは生命と認識と善を求め、大きな情念で行動に移さんとする勇気である」と訴えている。

この間、日本大学総長の瀬在幸安先生にお目にかかってこの話を申しあげたら、瀬在先生はこうおっしゃった。「わたしは医学者ですが、愛読書にドラッカーとトインビーがあります。この二人に共通している魅力は、イマジネーションがゆたかで、マクロの分析とミクロの分析との巧みな組み合わせで新しい知の創造をするところにあると思っています。一人は経営学者、一人は歴史家ですが、二人の拓く知の世界を眺めて問答するなかから、いまやるべき実務的な発想を学びとることができたと思います」

人と人の間には海のひろがりのような隔たりがある。その海を超えて確かな橋を架けることこそ、組織のなかで見逃してはならないことではないか、そう瀬在先生は教えてくださっているとわたしは感謝した。大きな組織の長にある方は、やはりすごい視野と視点をおもちになっているのだなと感じ入ったのだった。

瀬在総長は日本大学の新しい発展のために、精力的な行動をなさっているが、わたしはわたしのお世話になった慶應義塾がグローバルにニュートライアルを実践してゆくなかで学生の満足を充たそうと努めている姿が想い浮かんだ。時代を切り拓くには、まさに大きな勇気が必要なのだと痛感する。

男は尊ばれ、女は愛されよ

森ビルの森稔社長のご母堂ハナさんの葬儀に列席させていただいた。そして森社長の喪主としてのご挨拶をうかがった。わたしは打たれた。こんな内容だった。

「わたしの母は、子供のわたしたちに、こう諭しました。男性は尊ばれ崇められる存在でありたい。女性は愛される存在でありたい。母はつねづねそう言っていました」

短い言葉だったが、心の奥にジンとくる凄さを感じた。わたしは男性だが、何か尊ばれ崇められるような存在になるべく、いまからでも努力しようという気持ちの高ぶりがあった。森ハナさんは静かな方だったそうだが、哲学のある人だったとわたしは領解した。そんな言葉を日頃やさしくおっしゃっていた森ハナさんの生き方に、わたしは触発された。〈それはいまの、衣食足りて礼節を忘れている〉日本が最も大事にしなければならないことだ。自分は何かをせねば、という意欲が湧きあがってくるのを感じた。心の内にひとつの灯がともった。

森社長は、なんとすばらしいお母様をおもちになったことかと、その日々のゆたかさを想い、その教えの恵みを少しでも多くの人たちに伝えたい気持ちで一杯だ。

尊ばれる存在、崇められる存在とはどういう人だろうか。松下幸之助氏はその一人であろう。幸之助門下の逸材で松下電工の社長・会長を務められた丹羽正治さんは、「松下幸之助さんはわたしが尊敬する人物ですが、偉大な人物というのはその人自身が、相手の人・お客様を味方にしてしまう独特の光やエネルギーを発しているものです。それはたとえば、従業員に対して言葉として伝わってくるとき、独特の〝快〟とでもいうべき風を伴って、受け手に心から工夫・努力をしようという気を起こさせます。自らコラボレーションが生まれてゆくのです」と、わたしに話してくださったことがある。

尊ばれ崇められることをむずかしく考えることはないだろう。早い話、日常の商いのなかの会話の深度を深めることはその第一歩だし、いますぐできることだ。意欲をもって会話を深くし、理解を深め、細かなことにも耳を傾け本当の声を聴き出す機会を増やすことは大切である。そのなかから得た顧客からの宿題に、顧客が満足し感動していただける自社独自の提案でお返ししてゆく、これが商いの原点であり、人物の成長の途ともなろう。

ポジティブ経営は「人」からだ

生煮え議論の危うさ

このごろEメール等が用いられて、とてもよいことのように思われている。

本当だろうか。

便利だけれど、使い方によっては大変なことになりはしないか。人が介在しないから議論が減ってくる。顔と顔が向き合って議論すると、そこにとめどもなく瞬間的に思いつくことが増えて、積み重ねられてゆく。議論は沸騰点に行き着く。EメールやFAXでは沸騰点まで達しないで冷めて、人間が消されて伝えられる。人間を殺した情報は活きない。

「議論は熱くなってせよ、沸騰するまで議論せよ」という会社がある。森田清社長の率いる第一製薬だ。森田さんは営業部隊を率いた専務当時から、議論は冷めてするものではないと言って徹底的に議論させた。じんじん沸いてきて、ぐつぐつ煮立って、そして沸騰する。そのなかから、いろいろなものが生まれてくる。余波が広がり、そこに新しい芽が吹いてくる。これが研究開発の芽であり、着眼の発見につながってゆくのかもしれない。

マーケティング・デモクラシーを基軸に

デモクラシーとは、よく聴いて、聴きぬいて、またそれを宿題課題としていただいて、答えて奉仕することだ。第一ホテル副社長の壬生基博さんは、このデモクラシーをよく理解しているトップの一人だと思う。

壬生副社長は、たとえば、わたしの講演をお聴きいただくと必ず聴いた内容をすぐに整理し、「わたしはこれをこういうふうに解釈し、こう社員に伝え、このように実行しようと思う」と書いたお便りをくださる。わたしの手間をかけないように、「返事はいりません」とていねいに書き添えておられる。そのゆきとどきには、自然な趣が感じられる。デモクラシーの本質がよくわかっていらっしゃるのだ。

いま、わが国の企業はマーケティング・デモクラシーをもう一度基軸に据えなければならない。よく聴き、よく伝え、実行すること、これに尽きる。

地方で成長し期待されている会社は、地域密着型だ。地域密着とは、人、自然、資源に密着していることだ。そのひとつの会社が、高松にある穴吹工務店である。社長の穴吹英隆さんは口の重い方だが、魅力をもった事業家だ。「わたしは地元のニーズに応えるためには何でもしていきたい。地域の肉声を聴くために友人をたくさんもっています。異分野の世界、異質の方々とのつきあいを深めることに努めています」とおっしゃっているが、日常そのとおり実行されている。こんなにフットワークがあり、ブレーンワークのある人は珍しい。そのうえ、仕事をどのように進めてゆくべきかの知恵をコ・ソーシング（共有化）するネットワークの充実を心掛けておられる。この考え方を時間の制約のなかで推進し展開していくのは大変な労を要することだが、穴吹社長はいとも楽しげにこなしていらっしゃる。お会いしていて、明るくて、スポーツ好きで、世話好きで、豪放にみえるがキメ細かいお人柄がじかに伝わってくる。

「こんな経営者がこれから地域社会を支えてゆくのだなあ」という気持ちが、辞したあといつも湧き上がってくる。穴吹社長の経営者としての生の姿だと感じている。――ポジティブな経営は人から始まる。これも大切な言葉ではなかろうか。

宿題を提案で返す

営業とは、宿題をいただいて、提案をお返しすることだ。これがルールでありプリンシプルだ。このことをしっかり抑えておくと、強い企業になってゆく。目立たない企業で、そんな企業がある。シコクヤという菓子問屋で、小野雅充社長がリーダーだ。

小野社長はちょっとわるい表現をすると、しつこい、いい言葉で言えば粘着力のある方である。キャラクターは明るく、前向きな姿勢がひしひしと伝わってくる人だ。

こんな面白いことが名古屋にある、と小野社長に立ち話をしたことがある。その片言を聞き漏らさず、小野社長は数日後、営業担当常務を伴って現地へ出かけられた。ところがどうやら、ものにならなかったらしい。それでも「いや、重要な傾向がわかりましたよ。勉強になりました」と、すぐわたしに報告してくださった。

そのように報告をしっかりする人は、きわめて少ない。ヒントを耳にすると、直ちに行動に移して、自ら出向いてリサーチ・アンド・ディスカバー（調査し、発見する）という意欲に満ちた経営者も、なかなかいない。

菓子流通業界は厳しく、経営改革が叫ばれている。そんななかでシコクヤは好調な業績を続けている。その秘密は、実践派社長の仕事の虫とでもいうべき粘り強さ、トライ、トライ、トライのエスプリ（精神）と、それらを高所から看ている小野恵市会長、この企業風土をしっかり守っていこうとする社員の心が重なり合っているところにあるだろう。言葉を換えると、「政策一致、行動の一致」が、揺るぎない業績をつくりあげているといえるのではないか。

よい業績をあげている会社は、規模の大小を問わず好調のポイントは共通している。すなわち、フィロソフィー（哲学）のP、ポリシー（政策）のP、パースン（人間）のPががっちり組み合い機能していることだ。これ以外に企業成長の途はない。そして、これから企業に期待されるのも、このフィロソフィー、ポリシー、パースンだとわたしは確信している。

バリュー企業だけが成長するぞ

すべてに標準を超える

これまで多くの企業の方々と語り合って大切だと思うことのひとつは、標準を超えるということである。品質が標準を超えるのは当たり前で、サービスが標準を超える、商談のボキャブラリー数が標準を超える、気くばりが標準を超える……。

つまり期待を超えるということが日常の企業活動のなかにどれだけできるだろうか、それが顧客と企業、人と人とをつなぐ絆を強くするのだ。

若手経営者の勉強・交流会であるヤングプレジデント・オーガニゼーション（ＹＰＯ）の会長は代々、その実践者だと思う。たとえば文化学園の大沼淳理事長はお会いするたびに、接遇姿勢が標準を超えていると感じ入る。相手に対する目の優しさ、言葉づかい、相手の専門分野についてしっかりと勉強してお会いになっている真摯さが自然に伝わってくる。

そしてYPOの場合、脇役のサポートの行き届きがまた見事だ。そのお一人が扇屋ジャスコ（現ジャスコ）の前取締役相談役の安田敬一さんである。誠実・親和を絵に描いたような方で、会長を中心にメンバー全員が協力し合い、フィロソフィーを深め人間を大きくしながら熱い経営の思いを伝え合おうと努めてこられた。YPOが今日、新しい時代を背負う有力な若手経営者の団体として成長してきたのは、ふさわしいリーダーが代々存在したからと言えよう。

YPOの初期の世代には佐治敬三さん（サントリー）、塚本幸一さん（ワコール）、鈴木哲夫さん（HOYA）などの方々がおられたが、勉強会が貧困だった時代に経営を考える熱い想いをみんなで語り合う場をもってゆこうと、知恵をつなぎ合う努力をなさった。そこから価値ある企業づくりへの途が拓かれていったと言えるだろう。

高度な専門性には完結がない

YPOの足跡ひとつたどっても、二十一世紀の企業として「高度な専門性」をより磨いてゆこうという動きが確実にある。そしてその方向は不況で新規開拓の難しいいまの時代にきわめて有効に働いて、企業の業績安定に大きく寄与している。

高度な専門性がなぜ評価されているのか。コア・コンピタンスとしての基本価値、商品機能、商品コンセプト、ストーリー、ルーツをしっかりもっており、そのうえに全社員が惚れ込んでいるなかから生まれる提案力が顧客に快く受け止められているからだ。彼らは「一挙手一投足、標準を超えて行動しよう」を合い言葉にしている。電話一本、書類を一通送るときにも、顧客の期待を超えるメッセージを発信しているか、受け取ったときに感動があるかを問題にしている。顧客との接点にヒューマンな要素が加わったときにパワーは発揮される。顧客とつながれるか、つながれないかがそこで決まる。

高度な専門性には完結がない。たとえ針先の差であろうと、つねにつなぎに知恵を使うか愛情を入れて安定的な主張を生み出すか、その関係づくりを考え続ける。そこに交際しようという気持ちが湧き、コラボレーションが生まれる。この主張は安田敬一さんから教えていただいたことだ。

要は、顧客に切られる要素を少なくしてゆけ、つなげる要素を大きくしてゆけ、ということに尽きる。信頼はそこから芽ばえ育つのである。

経営とは〝追創造〟すること

松下幸之助さんが「三パーセントのコストダウンは難しいが、三割のコストダウンは可能なときがある。だから飛躍した論議はときどき大切なのだ。ふっと思いつくときがあるが、それはどこから生まれるかというと、いろんな方とお会いしているなかに、そのきっかけがあったと気づく」とおっしゃっている。

松下さんは、人間はどこかでそうした思想・哲学でゆさぶられることが必要なのだということを教えてくださっているのだと思う。

このゆさぶりは、お客様との接触にもとても大切だ。お客様を揺さぶるとは、お客様の抱えている問題に対してどういう意識をもっているかということをお客様の懐ろ深く入ってゆさぶるような会社ができるということだ。それは健全な開き直りかもしれないのだが、素敵なつき合いには大切な要素だと思える。

わたしがときどきお目にかかっている知性コミュニケーションズ代表の小石原昭さんには、いつも面白い着想を聞かせてもらい啓発していただいている。小石原さんはマスコミの世界でも知的思想の豊かな方として知られているが、会話が楽しく愉快で時の経つのを忘れてしまう。小石原さんは芸術家とよくつき合っていらっしゃるが、クリエイティブに物を考える人と波長がぴったり合うということだ。創造する人とは、これまでなかった考え方、多くのデザイナー、画家、彫刻家、あるいは設計者の方と会っていると、コンセプト・クリエイションがある。つまり、こんな考え方で進めていこうという〝追創造〟がある。芸術家のもっているその原創造の上に、〝追創造〟をしてゆくのが経営ではなかろうか、と言われるのであ。

企業は今、二十一世紀をどう生きるかのグランドデザインを、いくつかのシナリオで創りあげようとしている。そのなかで最も大切なのは、どういう技術・リテラシーと人とをつないでゆくかというつなぎであり、スーパービジネスプロデューサーの必要性がそこにあるのだと思う。

人物がブランドをつくるのだ

先輩・後輩は水魚の交わり

企業を訪ね、経営者の方々と対話をもつ。このときぐらい楽しいことはない。京都には長い間、親しくしている企業が少なくない。ワコールの塚本幸一会長は、尊敬するお一人であった。対談させていただいたり、食事をごちそうになり、多くのことをお教えいただいた。塚本節のひとつだと思うが、「人間は凝りすぎるぐらいの専門をもつことが大切だ。凝って凝って懲りまくれ。そこから何かが見つけ出せる」とおっしゃったことを、よく覚えている。

いまの塚本能交社長は、この気持ちを受け継いで経営に活かしておられるようだ。二世ではあるが、いろいろな分野にドメイン（事業領域）を広げようとした。車にも、婦人服にも、化粧品にも、そして食品にまで目を向けられたことがあった。しかし、また凝りに凝った下着の分野へと帰ってゆかれた。リターン・トゥ・ルーツだ。やはり幸一会長の教えは鋭かった、とわたしには思える。

能交社長は幸一会長に似て爽やかで、明るく、スポーツを愛し、人を愛し、恩を忘れず、何事にも前向きに取り組んでおられる。わたし自身、幸一会長から能交さんのことをお聞きしていたが、その成長ぶりが頼もしく思えてならない。

その能交社長が「上京時には何かとお世話をいただいた」お相手が五島哲さん（東急建設前社長）ということなので、そのことをご本人にうかがってみた。五島さんはこうおっしゃった。

「わたしが京都へ行ったとき、塚本社長の父上、幸一会長に大変お世話になった。商売の仕方、人とのつきあい方、何から何まで教わりました。京都へ行くのは、塚本さんのお家とお庭を訪れるような気がしたものです。それほど可愛がってくださった、能交社長が上京されるようになったので、大事にケアすることを心掛けたのは、ご恩のお返しという意味ではなく当たり前のことだと思っています」

淡々と話す言葉を直接うかがって、わたしは魅力あるお人柄に打たれた。この方なら、いろいろなことを言われながらも、若干の勉強時間をもって力を蓄え、大きな事業家としてはばたいてゆく日も遠くはあるまいと思った。留学期間を企業家がもつのもよいことだ。いま哲さんに与えられているのは、その時期なのかもしれない。

塚本能交さんは五島哲さんへの感謝の想いを、わたしと会うたびに語ってくれる。なかなか好ましい先輩後輩の友情ではなかろうか。

芸術を磨く会社文化

京都には、いまの天皇もお訪ねになった日本写真印刷という会社がある。鈴木正三会長と親しくさせていただいている関係で、わたしも何回も訪問した。研究開発、技術開発、それに企業の表情のある、やさしさのある会社だ。

「印刷は技術ではなく、文化づくりです。それは文化人と技術人がブレンドされた人であって、初めてできる仕事ではないでしょうか」と鈴木会長がおっしゃったことがある。鈴木会長は控え目な方なので、口が重い。しかし同社のいろいろな方の振舞いを観ながら、市場を、ユーザーを直視している会社だなと思った。堅実な、ひたむきに自分の芸術を磨く空気にひたされる想いがした。

会社のもつ強烈なカルチャーは、そんな環境から育ってゆくものだ。会社も順調な発展を示している。わたしが今後も期待している京都企業のひとつである。

ポジティブな経営は、自分の持ち味、個性を一二〇%発揮しようという心から生まれてゆくような気がする。料飲業であっても、それは変わらない。

東京の「レストラン代官山小川軒」には小川軒の風土があり、ご主人の小川忠貞さんのもっている独特の空気がお客様と溶け合っていて気持ちがよい。小川さんに話をうかがった。

「わたしは料理だけ、そしてお客さまだけ、そのことに粉骨砕身するだけです。ここにいる従業員はみんな、そんな気持ちでやっています。それだけが、うちの店の特徴です」

スゴイと思う。

また原宿には、「重よし」という佐藤憲三さんがもてなしてくれる店がある。割烹という言葉が一番ふさわしいと思う。わたしの好きな村松友視さんや尊敬する方々がよく集まって、みんなが家族のように親しくさせていただくお店だ。

ご主人の佐藤さんは、お客の顔を観て今日食べたいものが透視のようにわかる人であることに驚く。お客さまをよく知ろうとする、懐ろに入ってお聴きしお客さまに喜んでもらおうという心持ちがなせるものだろう。やはりポジティブな経営は、顧客を知ってはじめてできるものだということを、日常経験している。

わたしが大切にしている友人、大王製紙の井川高雄会長にはときどきお目にかかるが、わたしの顔を見かけると、遠くから走り寄って来てくれる。路上で会っても、ホテルのロビーで会っても同じだ。会えてうれしい、という表情語を投げかけてくれる。なんとありがたいことか、と思う。

だから、私は大王製紙の「エリエール」が好きだ。手にとるティッシュのやわらかさ、やさしさが、井川会長の笑顔を思い出させる。人間はだれでもそうなのではないだろうか。それが、人物の人柄ではないだろうか。

仕事は何かを問わない。人物とは、人材やエリートより美しく、身近に感じる言葉だ。

日本人の忘れものは多い

「一瞬一生」に生きる

起業家に会ったあと、一抹のさびしさを覚えることがある。お利口さんにはたくさんお目にかかるが勝負師は少ないという、満たされぬ気持ちになるのである。勝負師であるには基礎体力がなければならない。肚がすわらない、見通しがきかない、人の心を束ねられない、学びはしても習わないのは、基礎体力が欠けているのだ。

デフレ、長い不況のなかでずいぶん知恵はついているはずだが、知恵をためるだけでなく行動力に変えなければ意味がない。体験が覚えたのが知恵であり、その知恵で商売するのが商売力であろう。いまのむずかしい時期を乗り切るいいテキストがない。だからこそわれわれは、この未知の時代に向かう第三の途をさぐらなければいけないのだ。

出版不況といわれるなかで幻冬舎がジャスダックに上場した。見城徹社長にお会いしたが、「緊張感をより強度にして、身を切るような毎日〝ひりつき〟を感じるような人生を歩みたい」と話してくださった。見城さんは十年前に角川書店を退社して幻冬舎を設立し、数々のヒットを創り出してこられたが、安穏に過ごすのではなく、ひりつくような瞬間に生きたいとおっしゃっている。それが起業家の魂というものであり、醍醐味だろうと思う。一瞬一瞬同じことをやりたくない。同じことを考えたくないという気概、器をもち、何かをしでかそうという気迫に満ちた人間にわたしはこのうえない魅力を感じるのである。

忘れものがいっぱい

いまわたしたちは何か忘れものをしていないだろうか。女性は針仕事を忘れた。それは優しさを忘れたということだ。先日、病院で診察をうけるのでワイシャツを脱ぐと、ボタンがとれた。医師にお願いして若い看護婦を呼んでもらい、ボタンをつけてほしいと頼んだところ、針と糸をもっていないという。五十五歳の婦長さんを呼んでもらって話したら、ここにありますと言ってポケットから小箱をとり出した。替えのボタンまでいろいろ入っていた。ボタンがとれた患者のためにちゃんと用意してあるのだ。頭が下がった。

昔、私のお世話になった小学校では二年生にリンゴの皮をむく授業がある。くだものの皮をむけない子供が多いからだ。足の爪の検査もしている。いい家庭、いい母親のいる家庭は足の爪がきれいにつまれているし、靴下のかかともまっ白だそうだ。それが基礎教育なのだ。これができていないと、算数や国語がいくらできても欠陥教育である。現代の忘れもののひとつである。

男性は哲学や歴史を勉強することを忘れた。哲学や歴史を学ぶことを忘れると、心が強くならない。あるいは心を強くしようという気持ちも足りなくなるのではないか。心が強くないから、ちょっと風向きがおかしくなったり、自分がすこし阻害されてきたと感じると萎えてしまう。土光敏夫、真藤恒、宮崎輝という経営者の方々に生前よくお目にかかったが、すさまじく学ぶ人たちだった。哲学や歴史書、人物論、宗教論の書物に囲まれて考えぬく思索の深い人たちだった。学者を呼んで、取締役を集めて激論を闘わせる人たちだった。そういう人物力、勝負師魂、ここ一番というときに爆発するマグマをもった経営者がもっともっと出てほしいと思っている。

耐辛力をバネに

エーエム・ピーエム・ジャパンの秋沢志篤社長にお会いした。もとジャパンエナジーにおられたガソリン屋さんであるが、異業種のコンビニエンスストア業界にとびこんだ方だ。話がはずんだ。

「ａｍ／ｐｍはいま何店舗あるんですか」「千三百三十五店（平成十四年十一月末現在）です」。

「一番思い出になるのはなんですか」「三店舗から二十店舗ぐらいのときですが、問屋に頼んでも商品をもってきてくれない。セブン－イレブンにはどんどんもっていくのに、うちは断られてしまう。とくに売れ筋の商品は拒絶される。それで商品をもらいに行きました。当時のことを、いまも忘れません。千店舗を超えるようになったいまでも、こう話しているんです。〝うちにもってきてくれるようになったんだ。その商品をどのように展開するかということが、われわれの大事な仕事なんだ〟と」

　ゼロから始めた人には迫力がある。負けてなるものかという燃える魂がある。やさしさがある。踏んづけられても起きあがる不屈の行動力がある。セブン－イレブンやローソンなど自社より大きい同業の会社の勉強、評判のたっているお店、たとえばあそこのファミリーマートがいい、あのサークルKがいいとかいうお店をピンポイントで勉強することを、ずっと継続してやっている。その勉強会は全員参加で、週一回すべての店でやっているという。

　秋沢社長の話をお聞きして、ａｍ／ｐｍはやるなあ、これからきっとよくなる、とわたしは思った。秋沢社長に忌憚なく意見を申し上げたが、しっかりメモをとっておられた。「そのメモでどうなさるんですか」とたずねたみた。「全店長、全スーパーバイザーに今日お聞きした話を送ります。読むか読まないか、メッセージを活かすか活かさないかは、かれらの自由。しかし、シェアーできるように刺激を与えることは、わたしの責任です」とおっしゃった。

いま、日本人はみんな忘れものに気がつかない。気づかないだけで、だれもが大事な忘れものをしているのではないか。自分の忘れものはないか、自社の忘れものはないか、と問うてもらいたいと思う。

引き算の哲学で考える

オーラの出る経営者

これまでの人生のなかで、たくさんの実業界の方々とお会いした。そのなかで、たとえば稲山嘉寛氏（元新日本製鐵会長）にしても、松永安左ヱ門氏にしても、あるいはご存命であるが中山素平氏（興銀相談役、当時）にしても、オーラが出ていたと思う。

オーラの語源はギリシア語の「微風」なのだそうだが、私はその人のもっている専門性とそれを包み込むような人間的魅力、抱擁力を感じるようなでっかい器と、この言葉を受け取っている。そこには卑しさがなく、品性がいいというか、リベラルアーツの深い学びに立つ思案の場、あるいは想像を絶するほど広い遊びの場、行動の場を感じた。

そういう方々の前に行くと、私が若かったせいだけではない、圧倒されるような威圧感、位負けを感じたものだ。松永安左ヱ門氏にお目にかかったときは、九十歳に近く、小柄でいらっしゃったにもかかわらず強烈なパワーに打たれた。パワーとは肉体的大きさではなくて、深い、量りしれない知恵というか人間味、あるいは生きる力なのだと思い知ったのである。

いま毎日のように経営者にお会いする。すばらしい専門的な知識をもち知恵に満ちた方々だと思う。野中郁次郎教授の言われる「形式知と暗黙知の統合」ができているということだろう。このような学問をし、思索にふけり、あるいは議論することから得る知恵はビジネス・インテリジェンスといっていいだろう。その一方で、会社を再建したり、失敗したり、成功したり、だまされたり、外されたりした経験から生まれる知恵がある。それは商いの知恵、マーチャント・インテリジェンスというものだろう。そしていまの経営者に多いのはビジネス・インテリジェンスにすぐれている方で、マーチャント・インテリジェンスのゆたかな方は案外少ないようにわたしには思える。

引き算の哲学・足し算の人生

わたしが学生時代に読んだ本のなかに「引き算の哲学」を説いていたことを想い出す。学校を卒業して二十代、三十代とほとんどの方は「足し算の哲学」で歩んでこられたのではあるまいか。

何々大学卒業というブランドを身につけ、係長になり課長に進んで新しい肩書をつけてきた。つまり加えていってパワーとなる素材を身につけてきた。なかには掛け算のような立身出世をとげた方もいらっしゃるだろう。それらを「足し算の人生」ということができよう。

会社を退くと会社のブランドがなくなる。肩書はいっさい消える。給料ももらえない。新しい背広に手を通すこともない。残るのは生命と精神である。そこにしっかり立って生きることが大事になる。それが「引き算の哲学」であり「引き算の生き方」だ。お目にかかる方のなかには名刺の裏側までびっしりと肩書の入った方があるが、それを背負って生きるのは大変疲れるだろうし、それらの肩書を失ったらさぞ寂しい思いをされるのではないかと気になる。人間は誰でも一度は、たまには、足し算でゆくことばかり考えないで、引いてみる人生に想いを運ぶことが大事ではないだろうか。

素の魅力

ビジネスの第一線で仕事に取り組んでおられる方々に申しあげたいのだが、会社ブランドを外し、背広も性別も脱ぎ棄てたとき、人間としての応用力や先見力、そして品性が決まるということである。

松永安左ヱ門氏は肩書きをおもちでなかったが、松永さんが現れただけで場の空気が変わった。慶應義塾の幼稚舎にいらっしゃった吉田小五郎先生は、いつもにこにこしているおじさんという感じで、お別れしたあと温かい生命があるなあという印象の残る方だった。肩書をつけていらっしゃらなかったので、あとで知ったのだが会社の社長でもあられた。何度かお会いしているなかでそのことについて話はなかったし、わたしは長いあいだ知らずにいたのだった。これも人間のすがすがしい生き方ではなかろうか。

会社の帰属を脱ぎ棄て、いまやっていることを脱ぎ棄ててみよう。そうすれば、いままでのようにお客様を満足させるのが自分の務めだと考えるだけではもの足りないと気づく。お客様が満足するだけでは不十分で、充実させなければいけない――お客様が幸せになってゆくことをお助けするサーバントでなければいけないのだ。

いま古典に還ることが必要だと思う。昔の偉い人、創業者は素朴でパワーがあった。現代のわれわれはその「素」の魅力を欠いているので、装飾による魅力に頼って生きようとしている。それが企業ブランドであり「のれん」というものではないか。そうだとすると、われわれは「のれん」を創ろうと努めているのか、「のれん」にあぐらをかいているのかと、きびしく自らを問わねばならないだろう。そういう意味で、企業経営は一度、経営の原点に還る必要があると思うのだ。原点に照らして恥じない経営ができていないとすれば、それは社員やマーケットと深い会話をしていないからだ。勉強不足だからだ。外へ出かけて行って異質の人と会わないからだ。小さな世界で生きていると考動範囲は狭まり知恵の容積は縮まってゆく。足し算人生のとがめとも言えようか。

ただしわたしは足し算の心が不要といっているのではない。人間の徳、美しい心、思いやりの心はいくら足し算しても人の迷惑にならないし重たくもならない。要は引き算すべきもの、足し算すべきものが何かを知ることだ。

第七章

プロフェッショナル・リーダーへの途

経営者は心を語れ

六つの緊急課題

勉強会で約六十人の経営者にお目にかかったが、主な話題となったのは次の六つであった。

①　ＩＴ革命の本質を見極めることと、自社への影響、そして自社の仕組みをどのように変えなければいけないのか。

②　これからの大競争時代に生き残るためには自社のコア・コンピタンス、つまり強みをどのように強化したらよいのか。どのように個性を磨き、長所を伸ばすための努力をすればよいのか。規制緩和、規制強化のなかでそれをどう進めていくのか。

③　新しい顧客価値に重きを置いた業態とは、どういうものになっていくのか。公正に顧客価値にベースをおいた流通のタイプが、流通激変のなかでどのように変わっていくのか。

④ 企業の価値比較が国際会計基準の導入によってしやすくなってきたが、日本企業がグローバルな企業の水準にまで達していくにはどのような具体的努力を必要とするのか。企業分割制度にしても、企業価値重視をどのようにすればよいのか。
⑤ 提案型営業力が大事だとよく言われるが、営業によるリレーション力とは一体何か。
⑥ コーポレート・ガバナンス（企業統治）をこれから先、どのような切り口で進めていけばよいのか。企業戦略は総合型ではなくて、特化型がいくつか固まって総合化していくが、この新しい常識への展開をどのように行うべきか。

五つの経営意欲

それに対して、経営者の方々との会話を通してわたしが感じたのは、次の点である。

第一番目に感じたことは、経営資源（ヒト、モノ、カネ、ノウハウ）のなかでヒトの問題について、もう一度、活力・熱を入れてみたらどうなるかということだ。それは能力という面でもそうだし、みんなが協力し合っていく、あるいは愛情を深くするということにも挑戦してほしいと思う。これはコーポレート・ガバナンスにかかわる問題でもある。

二番目に感じたのは、未来は予測するものではなく、創造するものだということ。そのために未来への夢を学ぶことが大事だ。

三番目に感じたことは、風起こしの必要である。みんなでＩＴ革命に乗り遅れてはならない、その先端をいかねばならないという風を起こすのか、顧客の問題解決にどう貢献していくかといった全員一致の風づくりが重要だということだ。

四番目は、すべての企業人がいろいろな問題に関わりをもっていく社会にしなければならないということ。ひとことで言えば、自分の大切だと思う重要な問題にどんな形でコミットするかという意識、意欲をもたせることが大事である。

五番目は、三つのキーワードだ。一つは「コンテンツ・リッチ」、つまり仕事の内容、サービスの内容に物語があって、ゆたかで、みんなが理解できて、気持ちが束ねられるような中身でなければならない。二つ目は「コンテキスト・リッチ」で、顧客との関係性をゆたかにすること。それには顧客から個客へのつながりにケアを入れることが大事だ。三つ目は「サービス・リッチ」。サービスや商品のお届けの仕方がゆたかでなければいけない。そこに表情もあれば、お客様から宿題をいただこうという気持ちもあろうが、とことんまでお客のお力になっていただこうという意志が見え隠れしていることが必要だろう。

これらが経営者の問題意識であった。

三つの提言

経営者の方々にわたしは提言させていただきたい。一つは、お客様との対応には「パートナリー」を合言葉にしようと申し上げた。すなわち競争戦略ではなくて、パートナーになって、よい関係づくりをしようという精神価値を前に出すのである。

ＮＨＫテレビでピーター・ドラッカー教授が語っていたが、「いま日本人に必要なのは、メイド・イン・ＵＳＡのマテリアル・バリューズではなく、かつての日本がもっていたメイド・イン・ジャパンのスピリチュアル・バリューズだ」と。イトーヨーカ堂の伊藤雅俊名誉会長がドラッカー教授をお訪ねしたときも、会社は大きくなったがスピリチュアル・バリューズを忘れていませんか、と言われたそうだ。つまり、つながりの精神価値、パートナリーの大切さを指摘されたのだ。価格や品質の競争より広く価値全体の競争、お客様とどういう付き合い方をするかという競争、いわゆるリレーションシップが求められているのである。

提言の第二は、会社のなかで管理（コントロール）という言葉はすでに死語になっている。力を入れこむ「エンパワーメント」に変わらなければいけないということである。管理職という言葉も今世紀には消えて、志をもっているリーダーに変わっているだろう。

わたしが尊敬している昭和電工最高顧問・鈴木治雄氏がお書きになっていた（「電通報」二〇〇〇年九月四日号）が、「企業に精神力の荒廃、精神の喪失というべき現象が起きている。経営者は企業を愛し企業のなかで腹を割って話すことが必要だ。日本の生んだ優れた経営者は、みんな心を語っている。その心をいま経営者はよび起こせ」と説いておられる。現に経営者が全面に出て、見えるところで心を語る企業はどこも伸びている。

提言の第三は、つねに学ぶ。つまり分析力と応用力、構成力を身につけ、もう一度批判してみること。その考えをもっているかぎり風を起こすことができる。このことが会社を一枚岩にしていき、コーポレート・ガバナンスを実らせると思う。

しなやかに、したたかに、やさしく

柔らかく、しなやかに

「力強い経営」が何よりも求められている。力強い経営とは使命感を堅持し、志高く、やるぞという気概に充ち、総合的な目利きのある戦略的経営であると思う。そしてその経営は知のエンジニアたるリーダーが、どのように行動して具体的な成果をあげるかにかかっている。もちろんその背景には、創業の精神や真の強さをつくる哲学がなければなるまい。

グローバルにコア戦略を展開し、特徴ある規格として世界的に知られる会社に株式会社ＹＫＫがある。社長の吉田忠裕さんは、意地を張らない判断と決断のあるトップマネジメントだ。わたしはＹＫＫは革新があると同時に精神が貫かれている会社として、ずっと興味をもってきたが、社長以下全員が構想力と展開力を大切にして、科学的にものを考え、人間的に実行することに努めている。忠裕社長のお父様である忠雄氏が会社を創業されてから今日まで、ＹＫＫの基本的なスタンスの根っことなって継続されている。会社のなかの結束力は固く、それが組織力となり、世界に響くコーポレート・ブランドをつくりあげている。

わたしはお会いしていて思うのだが、吉田忠裕社長の魅力は、硬さを後面に押しやって、柔らかくしなやかに自在に振る舞っている点にあると思う。お話ししている間、目利きのリーダーだなあと感じる節々が幾度かある。そのうえに思慮深い生き方をトライしている慈愛ある表情と、自分を鍛えていく決意が、わたしには光り輝くような人間性をもって映る。この方なら世界各国のお客様や市場に、「うまく」ではなく「よく」適応し対応する流れをつくってゆけるだろうと、わたしはそのお考えに共感しつつ大きな期待をもっている。

「ウォンツ」と「マスト」の一致

感動する心、工夫する心。そして何か価値のあるものを実現しようとする精神は、大企業でも中堅企業でもなければならないものだ。わたしの友人に東京・六本木でビル経営、不動産管理を営んでいる株式会社ほうらいやビル社長の新保雅敏さんがいる。先日もお目にかかったら「お客様のウォンツ（してほしいと思うこと）を、自分はマスト（しなければならぬこと）と思ってやっています」とおっしゃった。

いい言葉だなあと心にとめていたら、三井住友海上火災保険名誉顧問の徳増須磨夫さんが著書『人生のかくし味』のなかに、デール・カーネギーの言葉として紹介されていた。人生で成功する秘訣は「すべきこと」と「したいこと」を一致させることだ、とカーネギーは言ったそうだが、とてもすてきなことだ。それを新保さんは「お客様のウォンツを自分のマストにするのだ」といわれたのである。これこそ心ゆたかなマーケティングの考え方だ。

新保さんは日本青年会議所メンバーであったころから、多くの人に慕われてきた。温い理解のモノサシしかもたないような、自分を顧ず捨て身で人に尽くす方だということが、あらゆる行動のなかに感じられた。わたしは、勉強だけからは何も生まれない、ただ働くだけでは進歩はないと思ってきた。新保さんは会社のすべての面に眼をゆきとどかせながら、ご自分の経営のスタンダードをつねに高めることに努めておられるようである。

七転び八起きの力

「苦労や障害を乗り越えるところに経営者の力がある」とは、チェーンストア、ラルズの社長、横山清さんの言葉だ。横山社長は「ヒト、モノ、カネ、情報の総合力を結集して、会社の地殻変動的な構造改革を日々実践するのだ」とおっしゃるのだが、それはお客様のライフライン（命綱）をしっかり支えるために店があるという信念からでている。「鮮度、安さ、サービス、これがわれわれのモットー」という旗印のもとに、理想や夢をもって苦労や障害を乗り越え、好況は自分の手でつくるのだと頼もしいリーダーシップを発揮している。

横山社長には北海道の実業界の代表としてよくお目にかかるのだが、つねにおっしゃっている言葉がいい。「フレンドリーなサービス、ペイ・モダレート・プライス（適正な価格）、フレッシュ・プレンティ・タッチ（ゆたかな感動）」という言葉だ。横山さんのもとにはすてきなコンセプトを身につけた店長たちが、志高く情熱と迫力を込めて店を預かっており、戦略的な構想力が強くなければ経営はできず、経営哲学だけの抽象論をふりかざしても何の役にも立たないことを、がっちり認識している。これがテクノロジーとしての経営の考え方であり、まさに実学の教えだと思う。

経営には必ず傷みがある。その傷みを乗り越えて情況を改善してゆくためには何が必要か。基礎訓練ができていて、経営の基本がよくわかっていて、キャッシュフローを頭に置きながら現在価値を推定し、もし異なった徴候が出れば直ちに反応するという俊敏な経営力がなくてはならない。企業に求められているのは、謙虚に〝強い企業〟のよさを学ぶことを行いながら、その一方で経営にはつねに若さ、前向き、具体性をもちこむことだ。いまの顧客、いまの情況を、甘えずに人に頼らずに、自らが切り拓いてゆくときに、はじめて傷みを克服し新時代とともに進んでゆくことができるだろう。

いまわが国を蝕んでいるのは「七転び八起き」という不屈の魂。へこたれぬしぶとさが消えてしまって、人に頼る、人のせいにする、言い訳をするという風潮が横溢したためだ。強い生命力の復活が期待されるところである。

社員を奮い立たせるパッションをもて

世界のリーダーの特徴

評論家の大宅壮一氏が日本人について言っている。

「日本人の特徴は、会社に入って会社の人間と接しているうちに自分のもっていた独特の考え方、新鮮な考え方を抑えつけて、生きようとする。戦後変わるかなと思ったがそうでもない。若い人もいつのまにか自分のすてきな個を抑えつけて、わがままだけを出している。これが日本人のもっている、気をつけなければいけない欠点かもしれない。個のもっている特有の個性は抑えつけないで、わがままを抑えつけるような教養がいま日本人には必要なのではないか」

これまで世界のリーダーになった日本人経営者の特徴を眺めてみると、大宅氏の指摘を超克した姿が浮かび上がる。一つめは人間的〝インパクト〟が強い。パッと相手の心を躍らす存在感がある。二つめは〝イマジネーション〟がゆたかだ。その裏には膨大な勉強量がある。三つめは〝インタレスト〟が強い。いろいろなものに好奇心、関心をよび起こす。四つめは〝イノベーティブネス〟がある。いままでやったことのないことを、やろうとする。五つめは意外な考え方をもっている。それが〝インサイト〟かもしれない。この五つのI（Impact, Imagination, Interest, Innovativeness, Insight）に加えて、舞台づくりが上手である。プラットホームづくりをして、そこに話題を集中させることが得意である。

このリーダーの特徴のうち、とりわけ興味をひかれるのは最後の「舞台づくり」上手である。

トップは脇役

トップマネジメントは、ある意味では脇役でもあろう。トップの役割のひとつは、いろいろな新しい企てをする仕掛け集団の育成であるからだ。既存の思考の枠組みを抜け出して、新しい企てをしようという企業化グループが生み出すアイデアや行動は、ややもすると組織のなかで危険な雑音に聞こえることがある。この雑音を消し、ヒト、モノ、カネならびに精神的な支援を目立たないように送りつづけることが大事なのだ。

「創造的な突出した活動をするには、社内の雑音から隔離してやり、十分に組織内に異質性を取り込むことが重要だ。異質的な交配こそが創造への基本であり、既存の集団に揺さぶりをかける。こうして初めておもしろい発想が生まれる。――成功の実績をつくりあげるには、企業内常識の転換が必要であり、経営資源のバランスをとりながら、その強みを活かす合成的シナジー効果が期待できるように配慮することがトップの役割かもしれない。」そうソニーの大賀典雄社長（現ソニー取締役会議長）は教えてくださった。

そして「すべてのスタートは愛情から発する熱情であり、熱情が組織のなかで大きな行動力を生み、その行動力が社会で大きな共鳴を創り出す。ここにヒット商品づくりの大道があると思う」ということも教えてくださった。

会社のなかに活性化グループをつくらなければいけない、あるいは部や課のなかに活性人間をつくらねばいけないがうまくいかない、という悩みをしばしば経営者の方から打ちあけられる。燃える人間をつくるためには大きな課題を与えることだ。これは無理かもしれないというくらいの大課題を与えるのがよい。その圧力に対して発奮し、眼の色を変えて取り組むかどうかで、その人間の値うちが決まるだろう。これを導火線にして明日をもとう、未来をもとうという会社の運動方針が展開されてゆかねばならないのではないか。

イオンの岡田卓也名誉会長にお目にかかり、話がはずんだ。岡田さんには三十年前から、いろいろな場所での〝商人〟の行動において家訓が大切なことを教えていただいている。岡田さんは「岡田屋からジャスコ、イオンと歩んできたが、会社は育ってゆくプロセスのなかで脱皮し、成長してゆくのかもしれない」とおっしゃっていた。しかしそのベースになるのは、学歴無用、意欲大切、風通し基本、考え方、理念・哲学有用であって、それらすべての家訓の魂の部分ということだった。

このたびお話をうかがって心酔したのは、岡田さんの一途な経営や環境に対する考え方、一人ひとりの使命、それが個々人のもっている個性と融け合って〝協創〟をつくるところから成長が生まれるという強い意志だ。岡田さんのお話のなかから感銘を受けた言葉をいくつか挙げよう。

「経営者は自分より才能のある人間を組織のなかに発見して、その人に十分の力を発揮してもらうことだ」

「人間の力は大きくもあり小さくもある。みんながそれを盛りたてるときは大きくなり、みんながそれを押しつぶそうとするときにひ弱になる。会社のなかでどんな空気をもつかが大事なのだ」

「企業が育つか育たないかは、未来に向かって創造しようという気持ちと有言実行。これを充実したエンターテインメントとして提供するのが、消費者・顧客との接触点をもつ小売業のあり方だろう」

「ものごとをスリム、シンプルに、スムーズにやろう。フランクに、フラットに、フレキシブルにやろう」

大リーダーといわれる人は、先見力があり、発想が豊かで意志が強く、責任感があり、考え方が深い。そのうえ抱擁力のあることを確認させていただいたのだった。

スーパープロの心技体～実力とはこれだ～

優秀企業・スーパープロの条件

グローバルに観て、市場や顧客に清い感動、篤い感動を与えている企業は、生き残り成長している。感動とは一体何か。心で学ぶことであり、心の奥底に際立った記憶を温かく深く遺すことではないか。そうした出会いを大切にし、お客様の喜びの顔を見るために日々、思考し行動を新たにしたいと思う実感、お客様の至福を念じようという幸福感にひたれる人、その実感をもてる人は、楽しく発見し共感できるのではないだろうか。

わたしは世界の優秀企業、とりわけ賞賛できる企業の経営者の方々の多くにお会いしてきた。そのなかで得たキーワードは、日本の経営者にとっても大切なことと思われる。それは専門性をつねに深めて研磨し、専門をこれでいいのだと思うことなく磨きあげ、砥石でさらに磨くという、

〝執念深さ〟〝粘着力〟を大切にしていることだ。

またリーダーたちは自分自身、武道でいわれる「守破離」を大切にして、構想力と展開力のなかで基本を守り、守りきったところで応用し、そして突き離してまた自分を観てみるというかたちをとっている。つねに新しいかたちへの挑戦が行われ、自らコピー人間を後継者にしようとはしていない。継続はマンネリと理解し、日々脱皮しようという思想をもち、先なんか読めるものではない、いまが大事なのだ、今日を育てるのだという教育を行っている。

さらにキーワードをまとめてみると①冷たい分析、ぬくい（顧客）対応、②本物をつくる。ここでいう本物とは、クオリティが期待以上で、オリジナリティがあって生命力がうずくものだ、③挨拶は先手必勝、声かけは愛情と心得て自らを心のエンジンマンとして鍛えあげ、〝メイ・アイ・ヘルプ・ユー〟をつねに自発的に発する力をもっている、④「芸に苦労見えて未だし」といわれるように難しい仕事を楽しげにし、〝着眼大局、着手小局〟で生きている、⑤自らの仕事に〝華〟をもち、その仕事に強い使命感を抱き、自分の職務への美学を大切にしている。

そうしたところにスーパープロの姿が生まれるのではないだろうか。

企業の業績を映す鏡

わたしと同年で、日本を代表する卓越した経営力、先見力、実行力、応用力をもつ経営者として、イトーヨーカ堂の鈴木敏文会長を日頃、尊敬している。鈴木さんがこう話してくださったことがある。「商いとかマネジメントというのは、熱意と知恵の結晶ですね」。忘れられない言葉だ。伊藤雅俊名誉会長も「経営についてこんなことを感じるのです」と気軽に話されたことがある。「自分のもっている心のすべて、あるいは蓄えてきたエネルギーのすべてを籠めて仕事をすることによって非凡さが生まれるように思う。自分は凡人だから、これしかやれないんです」。

トップのお二人は異口同音でまさにわたしのいう、企業の業績は経営者から末端に至るまですべての自己啓発の姿を映す出す鏡のようなものだと感じ入ったものである。そんな企業だからこそ、市場、顧客のニーズにつねに対応してゆけるのだ。いま経営の抜本改革を推進している資生堂の池田守男社長のスローガンも〝What's always do with you for Custmer〟で、改革はこの前向きの精神に基づいている。

池田さんは「do or stay —やらなければ停滞するのみだ」とおっしゃっている。「I do」を合言葉に大きな改革にふみ出し、情熱の風を吹かして顧客とメーカーである資生堂とカメリアサークル店が一体となって、その行動に入っている。池田守男社長がその船長、ナビゲーターであり、マエストロともなって、構想力、展開力に抜群の地力を発揮するにちがいないと、わたしは期待している。

商いの原点を想い出そう

安土桃山の時代から、ある地域で余っているもの、ある地域で不足しているものを補い合い、行商が生まれた。小さな、小さな、歩き回ってお役に立とうという仕事。それが商いのはじめで、役に立とう、奉仕しようという心がひとつのかたちになって商人《あきんど》になっていった。したがって商いとは尊い仕事であり、人に対して幸せを与え、喜びを与えるものだ。そこに物が付随しているだけだ。つまり物から始まったのではなくて、人に役立つという精神から始まったのである。このことを忘れてはならない。顧客はそこから生まれる励ましや奉仕に大満足し、さわやかで晴れ晴れとして、よく生きる心を甦らせた。ここに商人の原点がある。

商人は生きる価値を創造するのだ。決して物不足を解消する価値ではない。そして商人と顧客とが共振して、心の友になり合ってゆくのだ。商人は心細やかで大らかだった。頼まれやすいかたちをし、心をもち、人それぞれは商人にお願いをし、得た喜びを表現し感動した。そのたびに商人はそれを励みとして働いたのだ。

いま、こんな商いの心を大切にしているだろうか。励まし合い、補い合い、欠点をお互い傷つける言葉でなく元気づける言葉で激励し、そして提案し、問題を解決し合い、揺さぶり合い、語り合うことが何より大切なのだとわたしは思っている。そして街や人間に活力を与え変身させるのが商人なのだと思っている。

プロとは個性があって、バリューがあって、揺さぶりをかけるものだろう。心を言葉に変え、表情に変えて発信している。わたしはそこに商人魂と仕事をすることの醍醐味を感じている。

感動の総和を大きく～涙を流させること～

市場が味方する組織

二〇〇四年を迎えた。後ろ向きの心、すさんだ人の心、自信喪失してしまう企業人の心を癒す暇もなく、いまは新しい爆発、突破口づくりに駆りたてられる場に入ってきたと思う。変化が常態となり、つねに自分を、さらに会社・組織を揺さぶりつづけ、みずみずしい活力や知恵を創りだす仕事に踏みだすことが求められている。マネジメント、マーケティングのスキルというよりも、それをはるかに超えるＷＩＬＬ（意欲）の時代なのだ。

企業業績を景気のせいにしてはなるまい。市場のニーズにぴったりと合って変化できているものは生き残っているし、自ら限界をきめた企業は即座に市場から消えていかざるをえないのが現実だ。企業は全社員が一丸となって「市場に与える感動の総和」をいかに大きくするかという面で、知識、知恵、活力を実力の形で示すことに努めることが大事である。市場はそういう組織に味方していると思う。

企業のなかで、こうすべきだ、ああすべきだと議論百出させることは大して必要ではない。いま求められているのは、トップマネジメントの使命感あふれるリーダーシップのもとに、その理念、信念に基づいた具体論、展開力、達成力だ。道を拓く燃える念《おも》いで顧客充実に貢献できるサービス（奉仕）とサクリファイス（献身的行動）はいかに組み立てられるべきかを考えることが何より大事なのだ。

言葉を換えれば、すべての企業が市場にどれだけ感動の総和を大きくできているのかの一点に絞って、組織の血流をスムーズにし、ラピドリー（迅速）に、ラディカリー（徹底的）に、リピーテドリー（繰返し）に工夫を重ね、へこたれない企業力を示しているところに市場の活力は見られるように思う。

モチベーター社長

いつの間にか日本の市場に商い、営業力がなくなった。マーケティング、営業、商いとは、市場から宿題をいただき、濃密な人間関係を顧客との間に築き、市場の問題解決をし、専門家・ノウハウを引っ提げてコンサルティング営業をワン・トウ・ワン、つまり、この人のため、この企業のために行うものだ。そこには、能率、マニュアル、標準化、生産性、効率はない。時間をかけ、手間を惜しまず、心を入れながら、可愛がっていただく気持ちで奉仕していくところに〝多望〟な仕事が待っているはずだ。そこにこそ仕事が訪れるのではないか。

人も企業も自らを仮装しないで地で行く気持ちで当たり、マーケットから大きな信用、信頼を得ていくほかに成長はあり得ない。カルロス・ゴーン社長が日産自動車を改革できたのは、あの感動的なリーダーシップにある。組織のなかの血流を変え、ネアカで、人間を大切にし、運を自分の方につける抱擁力をもっている。これこそが日本の言葉で言えば、粋な力、艶っぽさであり、企業家の色気、モチベーターの条件だろう。

カルロス・ゴーン社長が行った日産改革のキーワードは、コミット（タスクの必達）、アカウンタビリティ（達成責任と権限）、ターゲット・コミット（より高い目標値）、メイク・アウェア（気づき徹底）、タスク（何をいつまでに）、クレディビリティ（信用・信頼）、チャレンジング（困難に立ち向かえ）、マネージ（集団力を最大限に引き出して目標達成）、パフォーマンス・オリエンテッド（達成主義）、クロス・ファンクション（部門横断行動）、トランスペアレント（事実情報）だといわれる。どれも大事なことだが目新しいことではない。それらをマーケット・インに向けて、眠れる日産力を引き出した人間的な情熱的リーダーシップに、わたしは強く惹かれるのである。

〝気〟こそ生命力

〝気〟とは気持ちを通じ合うことだ。元気、陽気、覇気、気風、気魄、根気など気に関わる言葉はたくさんある。気を入れる、気を通じ合うというのは、一人ひとりの個人をのびのびと考える人に変えることだ。当たり前かもしれないが、それが難しいのが今日ではないだろうか。

過日、わたしのゼミのＯＢ会があった。何百人も集まって議論をした。その結論は、ビジネスマン、商売人を問わず最後にくるのは〝人物力〟だろうということだった。あの人に会えてよかったと思える人、へこたれぬ人、ネアカで感覚から入ってもよく勉強して理論を極める人、愉快に人生を送ろうという気持ちをもっている人、そんな気に満ちている人間が人物力のある人であり大事な人なのではないか。

それでは素敵なリーダーになるには、どう心掛けたらいいか。三井不動産の岩沙弘道社長にお会いして思ったのだが、会社のなかで正直に自分の意見を述べ、そして何か自分の得手を大切に磨きあげようという意欲をもち、人情・感情・愛情を大事にし、知恵・知識をきっかけにして自分を充実させようという気持ちをもっているとき、ドゥ・アンド・サクシード（行動して成功していく）が生まれるのではないか。

今年を「開拓」「突破口・爆発」への揺さぶりの人事の季節にしたいものだ。「輝く企業未来はわが手で創るのだ」というアンビシャスなリーダーが日本各地に輩出し、企業日本力が目覚める年になることが、今年のわたしの大きな期待だ。経営者よ、学ぼう。経営者よ、より深く人生を生き、仕事をしよう。そして自分をつねに揺さぶってみよう。意欲を出そう。情を入れよう。勇気をもった発言だけでなくそれを行動に変えようではないか、と呼びかけたい心境だ。

経営者の気概〜熱情をもてよ〜

小さな発見が孵化するとき

毎日、仕事に向かう心ばえは、小さなイノベーションを起こしてゆきたいというものだろう。それも会社の風、文化、伝統を守って、オリジナリティを出しながら、なおかつローコストでゆければいい。

その小さな発見は個人の芸のうちにはいるし、個人の知恵から生まれるのかもしれない。個人の芸や知恵は、問題意識を持った人からどのようにして出てくるのかを問うてみると、ケルトの模様のようによくはわからないが、それがつながって、つなげられてもち上がってくる。そういうものだと、わたしは思っている。

大日本印刷の北島義俊社長にこの話をしたら、「おそらくそうなのでしょう。連想や、想っている個人がいろいろな言葉のやりとりやディスカッションを通じ、刺激しあって、何か発想の種をつなぎ、ふくらまして形になってゆくのが、新事業や新製品、新サービスを生む背景でしょうね」と答えてくださった。

北島社長の言葉は重い。だから個人一人ひとりを大切にし、その気持ちを思いやることが企業人の務めだとの自覚がある。大日本印刷の社風は和に富んでいるし、勉強する空気に満ちているのは、そこに源があるのだろう。

仕事選びの基本は自分が好きであること。規模はちがうが岐阜県関市に本社のある貝印の遠藤宏治社長は、わたしの親しい友である。遠藤さんは創業者であるお父様から「伝道師のような社員を育てることだ。つまり社員は協力者であり、キーマン、専門家であって、集まって力を創り出す。皆のやろうという気持ちがアメーバのように増殖してゆく仕組みづくり、それがおまえの仕事かもしれない」と言われたそうだ。

創業者の血を継いだ遠藤社長は「わたしは自分の仕事を選んだのです。だから、幸せにその仕事を推進してゆくのです」とおっしゃっている。いい言葉である。貝印を盛り立ててやろうという企業が増えていると聞くが、それはこの遠藤スピリットに共鳴している何よりの証のようにわたしは思っている。

ホテルオークラの松井幹雄社長と、わたしは三十年来、親しく交誼をいただいている。いつも松井さんを観ながら、サイエンスのある人だな、読書に励み、人の話をよく聞き、考え、仕事という現場、現実の人間、現実の社会の動きをよく診て判断する方だと思ってきた。

いま、ホテル業界のなかで勝ちぬくには、全社員の一人ひとりがお客様に感動とすてきなホスピタリティを徹底しようという気持ちがどれだけあるか、そのボルテージを上げ、テンションを高めてゆく仕組みをつくることができるかどうかにある。松井さんにはそれができると思う。松井社長をサポートしようという援軍、応援団がついている。

それは松井さんが前向きで明るく、多くの顧客・すべての人から宿題をいただき、課題を引き受け、それに挑戦してゆく気概をもっているからだ。俗に言う仕事の虫を。仕事選びの基本は、自分が好きだということだ。それだから松井さんはオークラに入社し、ホテルマンになったと伺っている。期待したい。

仕事に打ち込んでいる人の気骨

仕事に打ち込んでいる人を観るとき、やはり好きな道を選んでいるのだと思う。箱根湯本ホテルの長年の友人、谷川智典社長も、まさにその一人である。「わたしはホテル経営をしていて、しょっちゅう困難にぶつかり、クレームにさらされます。大変だなあと思うことがありますが、いつも自分が選んだ道だという満足感が困難を克服するエネルギーになっています」とおっしゃる。それも心底からにこやかにお話しになるのだ。

谷川さんは何年か前から、そば打ち、とうふづくりに挑戦された。やってみると難関がいっぱいある。それに対して、好きな道を選んだのだからやり抜くのだと言って前進し、見事にモノにしてしまわれた。

いい仕事を選ばれたものだと、わたしは谷川スマイルを見て想う。

わたしが財政学の講義を受けた永田清教授は、NHK会長であり日本ゴム社長をされ、厚生経済学者として著名な方であったが、講義の最後にこうおっしゃったことをよく覚えている。

「わたしは実業家としても学者としても、ある程度成功した。そのために、多くの人に妬まれ、中傷され、悪口を言われてきた。人生には何をやっても、何かすれば叩かれるということがあるものだ。それにめげてはならないのです。君たちはいずれ仕事をする人間になれば、必ず打たれ、悪口を言われ、妬まれ、うらまれることもあるだろう。それは君が仕事をしている証拠なのであって、そういう中傷にめげてはならない。それによって磨かれるのだと感謝することが大切なのだ。宝石も、叩かれ、こすられて輝いてゆくのです。そう思ってわたしは耐えてきました」

世の中で活躍し、飛躍し、ドミナントな（群をぬいてすぐれた）仕事をしている人は、わたしの想像以上に叩かれ、打ちひしがれ、マスコミに打ち落とされてゆくかもしれない。

しかし、それにめげずに、学問し、工夫し、知恵を出し、汗を流し、謙虚に、努力し、辛抱してゆく姿を、市場や顧客は見逃さないものだ。このことを心に留めてゆくと勇気が湧き、困難にくじけない意気地が燃えてくるだろう。

この仕事は自分が選んだ、自分が好きな道だという信念が、壁に穴を開け取り払ってくれるだろう。

クワイエット・リーダーシップ〜黙って人を動かす〜

静かなるリーダーシップ

最近の経営のなかで最も大切で、また見失われているのは、リーダーが経営理念、ビジョン、企業の競争優位性を十分に踏まえるだけでなく、経営目標をしっかり定め、経営理念と社訓あるいはミッション・ステートを、さらには事業目的を明確に、自分の言葉で語れるか否かということだろう。

わたしはこれまで多くの経営者にお目にかかってきたが、いまそのなかからキーワードとしてとくに若い経営者に差しあげたい言葉は「クワイエット・リーダシップ（静かなるリーダーシップ）」だ。かつて松下幸之助や本田宗一郎、あるいは吉田茂、さらには渋沢栄一などの傑出した経営者あるいはリーダーは、しゃべりまくらなくても、メッセージを伝えなくても、その人が部屋に入ってくるだけ、存在するだけで何らかの指導力を示したものだ。つまり先見力、予知能力、高感度な知覚力、判断力、決断力、包容力、集中力と分散力といったものを含めた人間のもつやさしさ、強さそして柔軟な姿勢を備えていたように思う。

いろいろなかたちでご指導を仰いだ土光敏夫さんと宮崎輝さんにもお会いするたびに、わたしは心深くに重厚と気が伝達されるのを感じたことを忘れることはできない。それは言葉でいえば「エンパワーメント」が当たるのかもしれない。何か力をいただくような気がした。わたしがもっているスキルや経験を、より高い場所で使わせていただけるような立場にもっていってくださる、そんな感じをもったのだ。自信を与えてくれる、信頼を与えてくれるうえに、思うがままに奔放に力を発揮せよ、という言葉をくださった。素敵なモチベーションであった。

こうしたクワイエット・リーダーシップは基本的には、ジャスティス（正義）、フェアネス（公正さ）、ブライトネス（明るさ）、そして何かを実行していこうとするパッション（情熱）が秘められていたと思う。だからこそコラボレーションという協調態勢が会社全体の価値観となり、溢れんばかりの力を示すことになるのだろう。

いまわが国の企業がコアコンピタンスに恵まれていても、それを活かすことができないのは、企業を護っている根っこにジャスティス、フェアネス、ブライトネス、そして実行していくなかにクリーンネス（清潔感）が不足しているからではないか。

経営以前に人間社会

企業の成長、とくに日本のような和を大切にしてきた企業の成長には、リーダーたるものの条件として支える力の重要性は見逃せないと思う。支えるというより支えあうといったほうがいいかもしれない。それを最近のしゃれた言葉でいえばコラボレーション、協働、共感、共鳴ということになろうか。いわゆるゲマインシャフト（共同社会）をベースにして、その上にゲゼルシャフト（利益社会）を乗っけるかたちだ。

リーダーにとって、人間としての基本が一番大切だ。独創性、先見性、リーダーシップ、バランス感覚が大切だなどといわれるけれども、それよりも当たり前の人間としてのモラル、つまり親孝行、善意、謙虚さ、親切さ、大きな心といった人間としての基本がもっと大切なのだとわたしは思っている。

このことをつねにおっしゃっていたのが、旭化成の宮崎輝さんだった。宮崎さんとは社長、会長時代を通して仕事のうえでよくお目にかかる機会があった。

幅広い知識と視野の確かさが抜群の方であった。宮崎さんは人間尊重の精神を強くもっておられ、どんな若年の部下であっても意見にしっかり耳を傾けられた。若い人の独創性を尊重し、新しい発想の芽を育んでおられたことをわたしはよく憶えている。

「君、その考えはおもしろいな、もうちょっと膨らまして来週にでも聞かせてくれよ」「君、その考えはどこから来たんだ。わたしにはなかった新しいものの見方で、視野も視点もおもしろい」「君はなかなか異質なものをもちこんでくるゆたかさ、勇気をもっている。ぜひ仲間にも話し、上司にも話してみなさい。そこに新しいタネがあるかもしれない。それが発見になって世の中に貢献することになるかもしれない」。そのような言葉で励ましておられた。

宮崎さんに接していつも感じていたのは構想力、それもゆたかな構想力をおもちであり、直観、想像力を軸にして専門知識で裏打ちしていこうという意気込みにあふれたお姿だった。宮崎輝さんからわたしは組み立てる力、新しいフレームワークを創る力、そしてそれを想い浮かべてひとつのかたちにしていくプロセスを学ばせていただいた気がする。いまこそ日本の企業に、この構想力、実行力が必要なのではないかと思うのだ。

会社は知的格闘技のリングだぞ〜忘れるな〜

仕事活力の衰弱

いまは人間が仕事をしていくのに、あるいは生きていくのにさまざまな壁を感じている時代だろう。かなりの数の経営者と個別に話を交わしたが、その思いを深くした。企業のトップリーダーたちに、深い精神的な負担を感じながら、それを跳ねのけ、萎える気持ちを元気づけ鞭打って情熱的な仕事をしなければならないという自覚と、さらに走らなければならないという気持ちの高まりを痛感したのである。

仕事をこのように運ぼうと思っていた矢先に、信頼していた得意先から挫折感を味わわされるような途中変更の通知を受けるとか、自分が思っていた温い人間関係の継続がどこかで食いちがってしまったという寂しさに襲われる。あるいは自らの体調の陰影に見舞われ、それを誰にも打ち明けられず発散することもできない。それらは人間不信からくるのかもしれないが、そうだとすれば取り除かなければならぬ。得意先のせいにして自分の責任を回避しているのだとしたら、なんと惨めではないだろうか……。

そんな気持ちが心のなかに宿ってしまって、なかなか拭いきれない。そのわだかまりが経営の情熱的なプラットホームあるいはプログラムづくりのなかで勢いを落としていったり萎えさせていって、十分な休息や勉強に立ち向かっていく力を削ぎ取られてしまう自分を見つけて、自分がいやになることがある。この悩みをどうしたら解決できるのだろうか。世の中のすぐれたリーダーはそういう体験をしないのだろうか、そんなときどのようにされたのだろうか。

およそこれが日本のトップリーダーたちから聞いた悩みである。求めている答えは精神的強さであろう。精神的弱さは勉強の絶対量の不足や、生き方の質の低さからくるのかもしれない。権力で生きていて権威で生きないからかもしれない。あるいは、人物力や人間力からくるクワイエット・リーダーシップの不足によるものかもしれない。

ウェルチとドラッカーの解決法

いまの難しい情況のなかでは、リーダーは高揚心と粘着力をもって、自分に対して打たれ強さをもちつづけることが必要だ。

この問題についてGE会長だったジャック・ウェルチとインフォーマルに話し合ったことがある。「リーダーシップとは自分がリーダーだという姿かたちを見せ、それに酔いしれて、自信をもって情熱を自分の心のなかに燃えたぎらせることではないか。自分だってそういう経験はたくさんしてきた。いやな人間やいやな仕事に遭遇したとき、そんな人間は相手にしないでもっと広い社会に生きてみよう、もっといい人間がいっぱいいるはずだ。商品力や技術力やブランド力のほかに、もっと人間力で勝負する人間がいるはずだと自分に言い聞かせることが大事だとわたしは思ってきた。自分に言い聞かせる、それが自分を強くさせるのだと思う」。ジャック・ウェルチはそう語ってくれた。

ピーター・ドラッカーに、同様の経営者の苦悩の解決法を問うたことがある。「そのイヤさ、つらさ、切なさ、あるいは裏切られたと自分が思っていることで一皮むけるのではないか。もう一回り大きくなり、もうひとつ強くなるだろう。それが打たれ強さかもしれないし、百戦錬磨ということかもしれないし、人生を渡り切る力と言っていいかもしれない」。ドラッカーはそう教えてくれた。

企業人はいま人間として実業家として、生きる壁を感じている。その壁を突破していく精神的強さ、と同時に計りしれないやさしさというものを求められているのだと思う。その意味で足りないのは知的格闘技であろう。つねに知的格闘技を闘わせてアイデアを出しているだろうか。自分の言葉で仲間に語ってプロジェクトを熱烈に発進させているだろうか。そして一致協力の態勢をつくりあげているだろうか。一致協力態勢ができるまで一人ひとりの心のすみずみまで、ひだの一つひとつまで語り合っているだろうか。そういう手間をはぶいていないか。

強い会社幹部の条件

企業内で多いのは、浅い発想の人間が、長期的に大きくものを捉えないで進路に立ちふさがる場合である。目先の利益をあげることだけを重視して、その役割を果たして地位を去ればいいと思っている人が少なくない。できれば挑戦・犠牲を少なく過ごし、ラッキーということで終わりたいというずるい人間もいる。そのなかで強く生きるためには何が大事か。

ひとつは仲間のいる人間、いい家族愛に恵まれている人間はほぐされていくということだ。もうひとつは、すさまじい幅広い勉強をつづけている人間は自分自身で心を浄化している。三つめは、さらに相手の人にとってプラスになることに手を差しのべて、小さな判断で道を誤ろうとしている彼を矯正してあげる力を示すことによって幸せ感、充実感を創ることだ。これは壁を乗り越えた、会社幹部の人たちが話してくれた体験である。

人間は誰でも情熱に燃え、仕事に前向きに立ち向かう姿が、ちょっとしたことで挫けやすい、ひ弱な一面をもっている。それが弱いやさしさかもしれない。弱いやさしさを強いやさしさに変えるには、いまは鍛えてくれているのだと取りあげて、自分だけにこんな機会がきたのだとプラスに考える力を鍛えることが最高だろう。プロフェッショナルに徹して壁を打ち破る仕事のミッションを堅持することが大事なのだ。

深く生きる意志～強く生きる体力、知力～

青年よホラを吹け

成人式に招かれて毎年講演をしている。ある年、わたしがお話ししたのは「青年よ、ホラを吹け」という話をした。わたしたちが少年のころ、ずいぶんホラを吹いたものだ。「あと何代目の総理大臣はオレがなる」とか「月世界の一番乗りは僕がやる」などといったりして夢を語ったことを覚えている。その夢がひとつの志となり目標をつくった。ある意味ではそのための自己投資をしたし、道が拓かれるような気がしたものだ。そしてそのホラに近づくために何かを試みていった想い出がある。

「ホラを吹く」という言葉はあまりいい言葉ではないかもしれない。「夢をもつ」とか「志を立てる」とかいうほうがよいかもしれない。でもわかりやすいし、親しみが湧く。そしてちょっとおどけた気分がある。案外すてきな言葉かもしれない。だからこの春入社する新入社員の人たちにも同じ言葉を贈りたいと、わたしは思っている。

日々を深く生きる知恵

人生を深く生きるということがようやく認識されるようになっている。「深く生きる」とは、わたしの言葉でいえばルック・ワイド（look wide）シンク・ディープ（think deep）だ。視野が狭かったり考え方が浅かったりするのを、わたしの周りでもよく見かける。いま、日程消化型の人間が多くなったからではないだろうか。何かをやろうと行動するよりも、何かあるかということで生活が決まる。だからそれを消化するだけになってしまう。今日何があったか毎日ノートに書いてみるとよい。「今日という日はキーワードで表すとどういう日だったか」が自覚できる。昨日は「共感」、今日は「発見」といった一日一日のキーワードを記しておくことも深く呼吸してゆくひとつの術かもしれない。

小泉信三先生はわたしがハーバードに留学するとき、「日本に便りをするときは元気だとか書かないで、自分が日々のなかで何を感じたかを書きなさい。それが君の勉強になって、手紙を書くのが楽しみになり、帰国してからそれが研究ノートになりますよ」と教えてくださった。わたしは留学中、毎日キーワードを書きつづった。〝Read in detail〟とか〝Steady〟〝collaborate〟〝system〟〝comprehension〟などなど、いろいろな言葉を書きつけていた。帰国してそのノートを開くと、自分が考えた思想の遍歴がわかるような気がした。いま日本人はそのようなことが必要なのではないだろうか。大げさな言葉でいえば「哲学のある一日、思索のある時間」をもつことが大事だろう。それが構える態度でなく自然体でできたらすばらしいと思う。

インテリジェンス・パッションをもつ

小田原に秋山商店という中堅企業がある。社長は秋山昌光さんで、ときどきお目にかかる。秋山さんはわたしが差し上げた言葉をとても大事にして、日々の経営のなかに活かす努力をしておられる。もう十年近く前になるが、「仕事のプロというものは仕事に慣れてはいけない。仕事を深めるのがプロなのだ」と申し上げたことがある。それ以来、秋山社長は悔いのない一日、悔いのない一瞬、悔いのない人との別れ方をしたいといって、お得意さまやお客さまとの関係をより深くしようと気合いを入れて接し、惚れ合う仲にもっていっている。だから人気がある。人懐っこさに引き込まれてしまう。わたしが秋山さんをインテリジェンス・パッションのある人だと思っている。

インテリジェンス・パッションとは情熱と教養と行動力といってもよい。中堅企業はそういうパッションをもっていなければ、この厳しい環境のなかで生き続けることはできないだろう。企業は商品やサービスにそれぞれ特徴をもっていても、一番大切なのはそこにいる人間だ。いつも何かに関わっている積極性、自分の意見を主張するひたむきさ、相手のミスを許す寛容さは秋山社長の魅力でもある。

中堅企業の経営者に引きつけられる磁力をもった人が少なくないが、それはなぜだろうか。研究開発費も少なく、商売の幅も狭いというハンディを背負った場で、打算と計算を超えて魅力を輝かせるには人間の魅力という企業資源がゆたかでなければならないということだろう。その目で秋山さんを観ていると、思い切った仕事の取り組みの端々に生きがいを込めている。いわば人間として一心に生き切るという魂に触れる思いがする。わたしの大好きな言葉がある。「人は学んだり努力する限り、迷うことが多くなる。その迷うことが考えを鍛える」というゲーテの言葉だ。人は学び努力しつづけるなかで迷いは次々とでてくる。その迷いと取り組むことで思索は深まってゆくものだ。

こんな言葉も好きだ。福澤諭吉先生の、「人間は自らの智徳を磨け」という教えだ。わたしはいま、ビジネスの世界でこのことがとくに大事になっていると思う。人も、企業も、智徳を磨くことによっていまの時代をより大きく生きることができるだろう。生きるとは貢献することだ。そのためにはわたし自身もっともっとすばらしい人間の輪のなかに入って、知的興奮をともにしながら革新の道を踏みつづけ、すてきに生き、研究開発にも取り組んでゆきたいと思う。

鉄鋼王デール・カーネギーは「過去に経験したいろいろの困難な想い出、大変だった想い出は時が経つと楽しいものだ」という言葉を残している。いまのこのときを、自分に忠実な時間として送りつづけたいものだ。

挑むリーダーたちへ

2004年7月28日第1版第3刷発行

著　者――――村田昭治

発行者――――村田博文

発行所――――株式会社財界研究所

［住所］〒100－0014東京都千代田区永田町2－14－3 赤坂東急ビル11階
［電話］03－3581－6771［FAX］03－3581－6777
【関西支社】〒530－0047大阪府大阪市北区西天満4－4－12 近藤ビル
［電話］06－6364－5930［FAX］06－6364－2357
［郵便振替］0018－3－171789
［URL］http://www.zaikai.jp/

出版協力――――リスペクトゥ　インスティテュート　中田順三

装幀・本文デザイン―中山デザイン事務所

印刷・製本――――図書印刷株式会社

ISBN 4－87932－038－2
定価表示はカバーに印刷してあります。